생각 공부의 힘

풀리지 않는 문제를
생산적으로 풀어 나가는

생각 공부의 힘

김종원 지음

황금지식

| 들어가며 |

다시금 살아가는 방법을 배우는 어린아이처럼

우리 모두 생각의 중요성을 알고 있다. 하지만 조금만 생각하면 알 수 있는 사실을 도무지 생각하려 하지 않기 때문에, 타인이 만들어 낸 거짓을 진실이라 믿고 살기도 한다. 자신의 이득을 위해 탄생한 수많은 집단으로부터 우리는 매일 그들이 만든 생각을 세뇌당하고 있다. 중요한 건, 세뇌당한다는 사실조차 모른 채 오히려 그들을 존경하고 순수한 마음으로 지지하고 있다는 것이다.

나는 지난 10년 이상 사색을 연구하며, 사색하고 사는 삶이 얼마나 위대한지 깨쳤다. 내가 사색 시리즈를 구상하고, 《삼성의 임원은 어떻게 일하는가》, 《사색이 자본이다》에 이어 이번 책을 쓴 이유도 거기에 있다. 한국에서 세상에 속지 않는 당당한 생각의 주인으로 사는 사람이 기하급수적으로 많아지길 바라기 때문이다.

각종 SNS에서 지난 5년 동안 '생각 공부'를 외치며 거의 매일 5만 명이 넘는 독자에게 스스로 생각할 수 있는 힘의 중요성을 전파했다. 실제로 많은 독자가 삶의 변화를 체험했고, 전과 다른 눈으로 세상을 바라보며 삶의 주인으로 살고 있다. 물론 처음에는 '먹고살기도 힘든 세상에서 생각을 하면서 사는 건 사치'라고 말하며 내 이야기에 조목조목 반박하는 사람도 있었다. 하지만 시간이 흐르면서 그들은 생각의 위대함을 알게 되었고, 결국 '생각 공부'의 뜨거운 지지자가 되어 주었다.

2015년에 발간한 《너를 스친 바람도 글이 된다》가 사색에서 가장 중요한 '사랑'을 알기 위한 책이었다면, 《생각 공부의 힘》은 말 그대로 인생을 사는 데 필요한 다양한 사색법을 전파하는 책이다. 어떤 편견도 없이 이 책을 끝까지 읽는다면 당신의 삶은 극적으로 변하게 될 것이다.

다만 아래 여섯 단어에 대한 올바른 철학이 있어야 한다.

'성공'하라.

그러나 타인의 실패 위에 나의 성공을 쌓지 마라.

'설득'하라.

그러나 타인을 비난하며 나의 주장을 관철하지 마라.
'소망'하라.
그러나 타인의 희망을 꺾으며 나의 소망을 이루지 마라.
'성장'하라.
그러나 타인을 깎아내리며 나를 높이지 마라.
'사랑'하라.
그러나 타인의 이별 위에 나의 사랑을 쌓지 마라.
그리고 '행복'하라.
그러나 나의 행복으로 인해 누군가의 불행이 시작되지 않도록 말과 마음 그리고 행동을 조심하라.

아름다운 삶이란 결국 성장하며 사는 것을 말한다. 그래서 이번 책에서는 살면서 늘 고민하게 되는 '성장', '믿음', '마음', '사랑' 등 스무 가지의 두 글자에 대한 이야기를 모았다. 나는 내 삶을 이야기할 것이고, 또 누군가의 삶을 내 방식으로 전해 줄 것이다. 여러분은 그 안에서 살아 꿈틀거리는 심장을 발견해 자기 삶에 꼭 맞게 이식하면 된다.

　당신은 혹시 '한 사람의 인생의 합보다 훌륭한 지식은 없다'는 사실을 알고 있는가?
　남들은 한 번만 봐도 금방 알 수 있는데, 정작 자기 안에 숨은 엄청난 재능의 존재를 모르는 사람을 만날 때가 있다. 아까운 재능을 세상에 꽃피우지 못하고, 세상을 향한 분노만 키우며 사는 사람을 볼 때마다 나는 가슴 아팠다. 그들이 자신의 재능을 꽃피우지 못하는 이유는 한 사람의 소중함을 모르기 때문이다. 그래서 더욱 그대를 기대하게 된다.
　나는 아주 놀라운 사실 하나를 알고 있다.
　"아직 자신의 재능을 꺼내지 못한 사람은 굉장히 매혹적이다."
　당신이 매혹적인 이유도 마찬가지다.

차례

| 들어가며 | 다시금 살아가는 방법을 배우는 어린아이처럼　　　　4

01 인생
잠시 번쩍이는 삶이 아닌 오래 반짝이는 삶을 살라　　　　10

02 목표
도착이 목적이면 차를 타고 과정이 목적이면 걸어가라　　　　26

03 절제
모든 현재는 미래를 대표한다　　　　50

04 사색
삶은 잠시 멈춰 생각하는 사람에게만 답을 준다　　　　64

05 열정
세상의 눈빛을 피하지 않겠다는 강렬한 의지　　　　84

06 가치
세상이 정한 가치를 거부하라　　　　100

07 희망
기다리는 게 있다는 아름다움　　　　118

08 사랑
사랑할 수 없는 모든 것을 사랑하라　　　　132

09 행복
모든 것을 있는 그대로 받아들이려는 노력　　　　148

10 품격
범접할 수 없는 수준으로의 진화　　　　166

11	**공부** 무의미한 존재에서 모든 존재로의 성장	184
12	**마음** 마음의 시중을 드는 가련한 삶에서 벗어나기	202
13	**성장** 믿는 만큼 다듬어지고 성숙해진다	222
14	**운명** 부지런한 자에게 세상은 침묵하지 않는다	248
15	**의식** 여유롭게, 그러나 생산적으로 사는 사람의 비밀	262
16	**어른** 틀에 박히지 말고 틀을 창조하라	282
17	**믿음** 두려움을 완전히 떨쳐 버린 후 얻는 강력한 힘	304
18	**태도** 내 일에 나를 고립시켜라	316
19	**긍정** 마음에는 종점이 없다	334
20	**고독** 현명한 사람의 내부에 흐르는 깊은 고독	350

| 나오며 | **세상에서 가장 만나기 힘든 사람** | 365 |

01 인생

잠시 번쩍이는 삶이 아닌
오래 반짝이는 삶을 살라

'인문학'과 '인문삶', 그리고 '인문업'

인문학이란 인간의 사상과 문화에 대해 공부하는 것을 말한다. 지금은 인문학을 배우고 말하지 않으면 지적인 수준이 떨어지는 미개인으로 취급받는 시대다.

하나 묻는다.

"'인문'을 암기 과목처럼 외우고 공부하는 게 과연 자신의 삶에 어떤 특별한 영향을 미칠 수 있다고 생각하는가?"

사람들은 좋은 게 있다고 하면 무조건 공부해서 배우려고 한다. 물론 그건 굉장히 좋은 생각이다. 하지만 여기서 우리는 이런 질문을 떠올릴 수 있어야 한다.

"인문이란 학문인가?"

여기에 많은 사람이 "인문을 알고 있지만 실천으로 옮겨지지 않습니다."라고 답한다. 하지만 나는 그렇게 생각하지 않는다. 알고 있지만 제대로 실천이 되지 않는다면 제대로 알고 있는 게 아닐 확률이 높다. 앎과 실천은 하나이기 때문이다. 모르면 움직이지 않지만, 알면 움직이게 된다.

현명하고 지혜롭게 사는 법을 배우는 것보다 중요한 건, 그렇게 사는 것이다. 하나를 배우면 열을 아는 사람이 있다. 자신이 그들처럼 삶의 지혜를 갖추지 못한 이유가 무엇인지 알고 있는가? 그들이 하나를 배우고 열을 아는 이유는, 단지 재능이 뛰어나기 때문이 아니라 하나를 배우면 그 하나를 삶에서 실천하기 때문이다. 운동도 마찬가지다. 한 이론을 배워서 실천하다 보면 나만의 방식으로 다양하게 응용할 수 있다. 그게 바로 하나를 배워서 열을 아는 사람의 삶이다.

중요한 건 '인문삶'이다.

하지만 언제나 그렇듯 세상에는 배우기만 하고 실천하지 않으려는 사람, 그리고 되도록 간단하게 목표를 실현하려는 사람으로 가득하다. 하루 다섯 끼를 먹으면서 살을 뺄 수 있는 방법을 찾는 사람을 보면 어떤 생각이 드는가? 그런데 충격적인 사실은, 하루 다섯 끼를 먹고 살을 빼겠다는 사람과 인문을 실천하지 않는 삶이 별로 다를 게 없다는 것이다.

우리가 인문을 실천하지 않기 때문에 인문을 업으로 하는 사람이 생겨날 수밖에 없다. 인문업은 우리가 인문삶이 아니라 인문학을 선택한 것에 대한 결과다. 인문을 직업으로 삼아, 자신도 실천하지 않는 것을 대중에게 가르치고 돈을 버는 사람이 늘어나고 있다. 중요한 건 삶인데 그게 학문과 직업으로 이어지고 있다.

철저하게 개인으로 돌아가라.
어설픈 충고와 조언을 버리고 최대한 자기 자신에게 집중하라.
내가 서지 않은 상태로 남을 세우려고 하지 마라.
스스로 설 수 없는 사람의 이야기를 들을 사람은 없다.

학문과 직업이 아닌 삶으로 표현하라.

이 책은 인생에서 일어나는 모든 문제를 스스로 해결하고 더 아름답게 성장하려는 사람을 위한 조언을 담았다. 누구보다 내 삶이 위대하다는 사실을 기억하라. 그리고 '인간의 삶보다 아름답고 가치 있는 인문은 없다'는 사실을 잊지 마라.

지금 아파하라

'액땜'이라는 말이 있다. 사전적인 의미로는, 앞으로 당할 큰 액운을 미리 가벼운 고난을 겪어 때우는 것을 말한다.

내가 어떤 큰일을 하기 위해 작은 불행한 일을 당할 때마다 사람들은 이렇게 말한다.

"액땜했다고 생각해!"

그런데 사실 나는 그런 작은 고통을 겪을 때마다 기분이 나쁘거나, '나는 왜 이렇게 불행하지?'라는 생각에 빠지지 않는다. 오히려 행복한 마음이 든다. 큰 목표를 세우고 그걸 이루려고 하는데, 왜 그 길이 편안하고 무사히 지나갈 수 있을 거라고 생각하는가? 내가 고통을 겪는다는 건, 내가 멈추지 않고 열심히 길을 걷고 있음을 의미하는 것이다. 그래서 나는 행복하다. 아파도, 힘들어도 내가 포기하지 않고 씩씩하게 목표를 향해 걷고 있다는 것을 의미하니까.

나는 매일 잠들기 바로 전까지 글을 쓴다. 언제나 쓰다 지쳐서 잠들기 때문에, 누워서 잠이 오기를 기다린 적이 거의 없다. 당연히 아침에 일어나면 온몸이 뻐근하고 아프다. 대학에 다닐 때 몸으로 하는 온갖 일을 다 해 봤지만, 글을 쓴다는 건 정신적으로 힘들뿐더러 육체적으로도 결코 만만한 일이 아니다.

괴테는 위대한 작품을 쓰기로 결심한 작가라면 하루 열 시간 이상 앉아 있을 수 있는 체력이 필요하다고 말했다. 내가 반드시 하루에 두 시간 이상 운동하는 이유도 거기에 있다. 그런데 아주 가끔은 아침에 일어났을 때 심각하게(?) 몸이 상쾌한 날이 있다. 그럴 때마다 나는 불안해진다.

"내가 어제 글에 충분히 집중하지 않았나?"
"요즘 내 정신 상태가 해이해진 거 아닐까?"

아침에 일어났을 때 몸이 아프지 않으면 불안하다. 마찬가지로, 위대한 목표를 세우고 그 길을 걷는 사람에게는 불행한 일이 일어나는 게 당연한 법이다. 중요한 건 그런 위기를 겪을 때마다 포기하지 않고 묵묵히 가야 할 길을 걷는 또렷한 정신 상태를 유지하는 것이다.

모든 불행은 지금 아파해야 할 일을 지금 겪고 지나가라고 하늘이 내게 내리는 선물이다. 지금 아프지 않으면 훗날 더욱더 아픈 고통을 겪게 된다.

더 많이 아파하라.

그게 바로 더 행복해지는 방법이다.

진짜 삶이 뭔지 내 이야기 한번 들어 볼래?

강의를 이제 막 시작한 후배가 하루는 내게 이런 이야기를 하더라.

"작가님은 정말 좋겠어요. 겨우 한 시간 강의하고 그렇게 많은 돈을 받으니까."

나는 이렇게 응수했지.

"그래? 너도 나처럼 강의료를 많이 받고 싶니?"

"물론이죠. 무슨 특별한 방법이라고 있나요?"

"그럼, 있지. 지금 당장 밖으로 나가서 노숙하는 사람 열 명 이상을 모아 놓고 60분 동안 강의를 하는 거야. 단, 조건이 있어. 네가 강의를 하는 도중에 한 명도 자리를 뜨면 안 돼."

"에이, 그게 가능하겠어요? 말도 안 돼요!"

말도 안 된다며 손사래를 치는 후배에게 나는 이런 이야기를 들려줬어.

노숙자들은 네가 강의하는 60분 동안 구걸을 하면 최소한 몇 천 원은 벌 수 있어. 그들이 그 돈을 포기하게 만들려면 어떻게 해야겠니? 네 강의에 그 몇 천 원보다 몇 배 이상의 가치가 있어야 해. 그럼 그런 가치를 가진 강의는 어디서 나오겠니? 그건 바로 네 삶에서 나오는 거야. 네 삶의 가치에 비하면 몇 달 동안 배운 강의 테크닉은 쓸데없는 휴지에 불과해.

나는 네 강의를 들으면 이런 생각이 나.
도대체 네 인생은 어디에 있는 걸까?
빌 게이츠, 스티브 잡스, 토머스 에디슨…… 남의 삶을 이야기하는 사람은 특별한 강사가 되기 힘들어. 세상에서 가장 빛을 발할 수 있는 특별한 강의는 바로 네 삶에 대한 이야기야. 테크닉은 아주 잠깐 대중에게 웃음을 줄 수 있지만, 네 삶은 죽는 날까지 잊지 못할 감동을 주니까.

내가 말하는 특별한 강의란 단지 돈을 많이 받는 강사의 그것을 말하는 게 아니야. 특별한 강의란 자기가 받는 강의료 몇 배 이상의 감동을 세상에 나눠 줄 수 있는 걸 말하는 거야.

나는 대기업이나 대학에서도 강연을 했지만, 말이 통하지 않는 외국에서도, 청중이 한 명인 곳에서도, 스무 살 이상 차이가 나는 초등학생을 대상으로도 강연을 했어.
그런데 혹시 알고 있니? 세상에서 가장 어려운 강연은 대기업에서나 대학교수들을 앞에 두고 하는 강연이 아니라, 오직 내 강연을 듣겠다는 목적으로 새벽에 일어나 몇 시간 동안 열차를 타고 온 사람들에게 하는 강연이라는 사실을. 내 짧은 한마디에도 귀를 기울이는 사람들을 만나면 고마운 마음도 들지만, 사실 더욱 긴장하게 돼. 그 절실한 마음에 보답하고 싶다는 생각이 드니까. 그래서 나는 더욱 내 삶에 집중하려고 해. 나만 할 수 있는 내 이야기를 전하고 싶으니까.

결국 네 강의는 진짜 강의가 아니었던 거야.

이제 테크닉을 배우는 데 시간을 쏟지 말고, 네 인생을 사는 데 시간을 쓰는 게 어때?

빌 게이츠에 대한 이야기를 왜 네가 하니? 그들이 직접 와서 해야지. 결국 너는 그저 돈을 벌기 위해 가짜 꿈과 열정을 이야기한 거야. 네 삶이 빠진 강의는 그걸 듣는 사람에게 시간 낭비라는 큰 불행을 줄 수밖에 없어. 모든 게 가짜니까.

가끔 내 강의가 좀 비싸다고 말하는 사람도 있어.

그럴 때면 난 이렇게 대답하지.

"저는 한 시간을 강연하기 위해 지난 수십 년을 살아왔습니다. 제가 살아온 수십 년을 한 시간에 요약해 주는데 그게 비싼 건가요?"

언제까지 하루의 반을 치장하는 데 쓰고, 나머지 반은 치장한 모습을 보여 주는 데 사용할 거니? 이건 그저 외모에 국한되는 이야기가 아니야. 솔직히 말해서 네가 지금 하고 있는 온갖 스펙에 관련된 것들도 모두 너를 치장하는 것에 불과해. 많은 사람이 스펙을 쌓는 게 성장하는 유일한 길이라고 생각하더라. 하지만 그건 착각이야. 스펙을 쌓는 이유는 반대로 철저하게 안주하기 위함이지. 그 자리에 오래 머물고 싶으니 경쟁자들을 이겨 내기 위해 자꾸 스펙을 쌓는 거야. 너에게 월급을 주는 사람에게 네가 우월하다는 것을 알려 주기 위해서 말이야.

스펙도 좋지만 이젠 네 이야기를 만들어 보는 게 어떻겠니? 이제 남에게 잘 보이기 위한 삶은 그만두고, 무엇보다 소중한 네 인생에 잘 보이는 게 어때?

남들이 사는 대로 사는 게 좋을 것 같다고?
자신의 삶을 사는 건 좀 무모해 보인다고?
확실하게 말할게.
"지금 네가 너의 인생을 선택하지 않으면, 곧 너는 누군가 정해 준 정말 무모한 삶을 억지로 살아 내야 할 거야!"

지금 네 삶이 힘들다면, 그건 남의 삶을 살고 있다는 증거야.
자신의 삶을 살고 있는 사람은 아무리 힘들어도 힘들다고 말하지 않거든.
대신 그들은 "잘되고 있다."라고 말하지.

그래서 그들에겐 실패가 없어.
모든 건 성공의 과정일 뿐이지.

이제 조금 용기가 나니?
오래 앉아 있던 그 자리를 박차고 일어나.
그리고 밖으로 나가 너 자신과 뜨겁게 부딪쳐 봐.
불꽃이 일어날 때까지, 네가 원하는 세상과 치열하게 마찰해 봐.
불꽃이 활활 타오르면, 그때 비로소 너는 네 삶을 얻게 될 거야.
그때 네 인생이 책이 되고,
누구도 대신할 수 없는 최고의 강의를 할 수 있는 거야.

그리고 바랄게.
어디서 무슨 일을 하든,
네 일에 지금까지 살아온 네 삶을 담는 멋진 네가 되길.

울 수 있어야 내 인생이니까

젊은 나이에 성공을 경험한 사람을 만났습니다. 그는 진지한 표정으로 이렇게 말하더군요.

"꿈꿨던 것을 스무 살에 모두 이뤘지만 이상하게도 행복하지 않습니다. 성공이 주는 명예와 큰돈이 저에게 행복까지 주진 않았습니다."

꿈이라고 생각한 것을 모두 이뤘는데 왜 행복해지지 않는 걸까요?
저는 이렇게 생각합니다.
"울어야 할 때를 놓쳤기 때문이다."

우리는 삶의 비애를 맞이할 때마다
누군가의 가슴에 안겨 실컷 울고 싶다는 충동에 빠집니다.
그럼에도 그 울컥하는 감정을 애써 꾹꾹 누르고 압박해
아무 일도 없다는 표정으로 다시 세상에 나오죠.
그러곤 눈물을 삼키며 이렇게 속삭입니다.
"미래의 행복을 위해 참아야지."
"가족을 위해 이 정도는 견뎌야지."
그렇게 우린 아픔을 참고, 누르고, 견딥니다.

하지만 나는 알고 있습니다.
우리는 그렇게 강한 존재가 아니라는 사실을.
그리고 울음을 참을 이유도 없다는 것을.

이를 악물고 "난 괜찮아."라고 말하지 마세요.
참지 말고, 사랑하는 사람에게 안겨 고백하세요.
"나 괜찮지 않아……."
그리고 가슴에 안겨 실컷 우세요.

'내가 울어도 될까?'라고 고민하지 마세요.
울 수 있어야 내 인생입니다.

책에서 응원을 받고 힘을 내는 것도 좋지만
정말 중요한 건 나의 응원을 받고 힘을 내는 일입니다.
내가 나를 격려하고 따뜻하게 안아 줘야 합니다.
꿈을 이뤄도 행복해지지 않는 건
내가 나를 버렸기 때문입니다.
울어야 할 때를 놓쳤기 때문입니다.

행복해지고 싶다면 내가 나의 눈물을 받아 줘야 합니다.
울 수 있어야 그게 바로 내 인생이니까.

내 가능성은 내가 결정한다

어느 아나운서와의 인터뷰를 위해 미팅 장소에 나가 간단하게 인사를 나눈 뒤 노트북 전원을 켰다. 그런데 그때 깜짝 놀랄 일을 경험하게 되었다.

노트북을 켠다고 하자, 그녀는 양해를 구하고 자신이 맡은 프로그램의 대본으로 눈을 옮기는 것이었다. 노트북을 켜는 시간은 길어야 1분 정도인데 그 시간을 아끼며 자신의 일에 사용하는 모습을 보면서 그녀의 시간 관리 마인드가 어느 정도인지 짐작할 수 있었다.

단 1분도 낭비할 수 없다는 자세는 내 일에 대한 강력한 의지다. 나는 지하철을 탈 때면 언제나 손이나 가방에 읽을 책, 메모할 수 있는 종이와 펜을 들고 탄다.

그리고 책을 읽다가 가슴에 남는 문장이 있으면 창밖으로 보이는 먼 풍경을 바라보며 그 문장을 가슴에 새기려 노력한다. 또한 주변 광고판에 정말 멋진 광고 카피가 있으면 재빨리 메모장과 펜을 꺼내 적는다.

요즘에는 지하철 선로 안전판에 좋은 시도 쓰여 있다. 만약 아주 급히 나오는 바람에 아무것도 가지고 나오지 못하면 지하철을 기다리는 동안 시라도 외우려고 노력한다.

'모든 건 언제나 쓸모가 있기 마련이다.'

정말 아무것도 없을 때는 지하철에 서서 뒤꿈치를 들었다 내렸다 반복하며 운동을 한다. 아까운 내 시간이 그저 목적지로 가는 데만 쓰이는 것을 견딜 수가 없기 때문에, 운동이라도 해야 내 시간을 소비했다는 생각이 들지 않는다.

여러분에게 묻고 싶다.

"1분의 시간 낭비에 분노의 감정까지 느낄 정도로 자신의 삶과 일을 사랑한 적이 있는가?"

사는 게 힘들다며 힐링을 해야 한다고 말하는 사람은 많지만, 어떻게 살아야 하는지 목표를 정하고 그게 이뤄지지 않는다고 스스로 분노하며 더 나은 내일을 맞이하려는 사람은 많지 않다.

"사람들은 대개 자신도 이기지 못하면서 상대를 이기려 든다."

상대를 이기려면 먼저 나를 이겨야 한다.
자신을 이기지 못하고 경기장에 나온 선수는 단번에 티가 난다. 세상이라는 무대에서 늘 자기만 당한다고, 또 늘 자기만 운이 없다고 생각하는 사람들은 자신을 이기지 못한 사람이라는 공통점이 있다.
세상은 냉혹하게도 자신을 이기지 못한 자를 가장 먼저 공격한다. 자신을 이기지 못한 사람이 가장 쓰러트리기 쉽기 때문이다. 자신의 힘과 재능을 믿지 못하면 결코 남을 이길 수 없다. 재능과 힘을 기르기 위해서는 먼저 세상이 아니라 무능력한 자신에게 분노해야 한다.

출판사 편집장 시절, 주말이 되면 나는 온갖 강연을 들으러 다녔다. 강연 중 좋은 말이 나오면 기억하기 위해 재빨리 노트를 꺼내 기록했다. 생각지도 못한 자리에서 우연히 대가를 만나게 되면 그저 악수를 하는 데 그치는 게 아니라, 그에게 당시 진행하던 책의 추천사라도 받기 위해 갖가지 방법을 시도했다. 그렇게 내가 보고 듣고 생각하는 것을 내 일에 연결하려 노력했다.

그리고 새로운 일을 대할 때마다 이런 일을 준 하늘을 원망하는 대신, 이걸 모르는 나의 무능력함에 분노했고 시간을 투자해 알아내고야 말았다.

지금 사는 게 힘들다면 조금 더 치열하게 자신에게 분노하기를 바란다.
"너는 할 수 없을 거야."라는 사람들의 말은 그냥 흘려 넘겨라.
"내 가능성은 내가 결정한다."

자꾸만 자신감이 떨어질 때,
삶을 포기하려는 생각이 들 때,
세상의 이야기를 듣지 마라.
세상은 결코 나를 돕지 않는다.
나를 도울 사람은 나 자신뿐이다.

지금 당신의 길을 찾지 못하고,
삶에 열정을 다하지 못하고 있다면
딱 한마디만 들려주고 싶다.
"지금 두 손으로 귀를 한번 막아 보세요.
그러면 당신의 심장이 뛰는 소리가 들릴 겁니다."

절실하게 원하는 길이 있다면
귀를 막고 심장이 내는 소리를 들어 보라.
그리고 내 심장을 뛰게 만든,
지금 내가 하고 있는 일,
거기에 최선을 다하면 되는 거다.

왜 그렇게 열심히 살아야 하냐고?
"지금도 내 심장이 나를 위해 열심히 뛰고 있으니까……."

02 목표

도착이 목적이면 차를 타고
과정이 목적이면 걸어가라

침대에서 아침을 맞이하지 마라

아는 후배에게 엄청나게 충격적인 문자를 받았다.

2014년에 발간한 《삼성의 임원은 어떻게 일하는가》에 적혀 있는, 아인슈타인의 "어제와 똑같이 살면서 다른 미래를 기대하는 것은 정신병 초기 증세이다."라는 부분을 읽고, "순간 정신이 번쩍 들었다."라고 문자를 보낸 것이다.

나는 무척 의아했다.
정신이 번쩍 들었다고?
나는 후배에게 이렇게 되묻고 싶은 걸 참았다.
"정신이 번쩍 들었다는 건, 혹시 네가 평소에 지금과 다른 미래를 기대하고 살았다는 거니?"
사실 난 후배를 보면 항상 이런 생각이 들었다.
'그냥 되는대로 어제와 같은 오늘을, 오늘과 같은 내일을 맞이하며 사는 사람.'

만약 그렇지 않다면,
어제와 전혀 다른 내일을 맞이하고 싶었다면,
너는 왜!
매일 아침 늦게 일어나 지각을 일삼고,
퇴근 시간이 다가오면 '저녁에 뭐 하고 놀까?'라는 고민만 하고,

주말만 되면 하루 열여덟 시간 수면에 지쳐 일어나는 거니?

네게 들려주고 싶다.
"침대에 누워 아침을 맞이하는 사람에겐 희망이 없어. 아침이 오기 전에 침대에서 일어나 뛰쳐나가. 새벽까지 일하고, 새벽처럼 일하러 밖으로 나가는 사람은 잠이 없는 게 아니라 잡념이 없는 거야."

내가 해야 할 일이 있는데,
이뤄야 할 목표가 있는데,
어떻게 잡념이 생기겠어?
가슴에서 목표가 꿈틀거려 도저히 가만 있을 수 없는데,
어떻게 침대에 누워 아침을 맞이하겠니?

이루지 못한 목표가 너의 가슴을 아프게 하지 않니?
왜 세상이 너를 가만두지 않는다고 불평만 하고 있니?
나는 네가 더는 삶에 흔들리지 말고,
이제는 네가 삶을 흔들길 소망해.

네 삶은 네가 흔들어!

**삶에 대한
두려움을 가지길** | 너,
5년째 같은 연봉을 받고 있다며?
언제까지 같은 연봉을 받으면서
아까운 세월을 그냥 보낼 거니?
내년에도 6년째 동결된 연봉 계약서를 작성하고,
소주 한잔 마시며 세상을 원망하는 마음을 애써 추스르곤,
'이것 또한 지나가리라'라는 말을 대화명에 적어 둘 거니?

내가 가장 안타깝게 생각하는 부류는,
고통을 이겨 내기 위해 아무것도 하지 않으면서
가만히 앉아 이렇게 외치는 사람들이야.
"이것 또한 지나가리라!"

너는 늘 내게 이렇게 불평했지.
"왜 내게는 불행한 일만 찾아올까?"라고 말이야.
그건 네가 불행이 찾아올 때마다
맞서 이겨 내지 않고 흘려보냈기 때문이야.

불행은 치통 같은 거야.
치통은 언제나 예고 없이 찾아와 정말 죽을 것 같은 고통을 주지.
그런데 진통제를 먹고 며칠이 지나면 거짓말처럼 사라지지.

그래서 사람들은 또 잊고 살지.
하지만 그렇다고 치통이 사라지니?
치과에 가서 치료를 받지 않는 한
치통은 다시 너를 찾아올 거야.
그땐 더욱 강력한 고통을 주겠지.

사는 걸 만만하게 생각하지 마.
삶에 대해 두려움이 없는 자의 삶은 언제나 절망적이야.
오늘을 두려워하지 않으면 엄청나게 두려운 내일을 맞이하게 될 거야.
언제나 더 큰 몸집으로 너를 찾아오는 불행처럼 말이야.

이제는 '이것 또한 지나가리라'라는 말을 버리고,
"이것 또한 이겨 내리라!"라고 외치는 네가 되길 바랄게.

물론 네가 열심히 하는 건 알아.
그런데 알고 있니?
태양을 본 사람은 촛불에 연연하지 않는다는 사실을.
나는 네가 조금 더 힘을 내길 바라고 있어.

그리고 잊지 마.

내일의 빛나는 태양은
오늘을 이겨 낸 자만이 볼 수 있는 선물이란 걸.

**지금 이 순간
꿈꿀 수 있는 용기** | 20년 전,
저는 30권의 책을 낸 작가를 꿈꾸지
않았습니다.

그저 영혼을 담은 책 한 권이면 충분했습니다.

제 책이 베스트셀러가 되는 것도 꿈꾸지 않았습니다.
그저 한 사람의 마음을 달랠 수 있다면 행복했습니다.
내가 쓰고 싶은 글을 쓰며 사는 하루가 아름다웠습니다.

20년 전,
저는 10년 후의 모습을 상상해 본 적이 없습니다.
그저 내게 주어진 이 순간에 간절한 마음을 담으면,
평범한 하루가 언젠가 특별해질 거라 생각했습니다.

저는 20년 후를 꿈꾸지 않았습니다.
제게 주어진 매 순간을 꿈꿨습니다.

물론 하루도 견디기 쉬운 날은 없었습니다.

사실 저는 패스트푸드 식당에서 주문할 때마다 망설입니다. 어릴 적 햄버거나 피자를 먹는 사람은 부자라고 생각할 정도로 저와는 다른 세계의 음식이라고 생각했으니까요. 피자를 즐기는 사람을 볼 때마다 '저거 한 판이면 라면이 몇 개야?'라고 생각하며 몸서리쳤습니다.

"도대체 얼마나 돈이 많으면 저걸 먹을 수 있는 걸까?"

이제 고백하지만, 제 돈을 주고 처음 피자를 사 먹은 건 서른 살이 넘어서였습니다. 믿기시나요? 지금도 피자를 먹을 때면 제가 굉장한 사치를 하고 있다는 생각이 들 정도입니다. 그래서 저는 아직도 햄버거나 피자를 주문할 때 떨립니다. 주문하는 게 익숙지 않아서요. 모르는 사람 천 명 앞에서도 당당하게 강연하는 저지만, 여전히 한 사람 앞에서 햄버거나 피자를 주문하는 일은 부끄럽습니다. 어렵던 시절이 자꾸 떠올라 제가 감히 먹을 수 있는 음식이 아니라는 생각이 드니까요.

20년 전 제 모습이 아직도 생생하게 기억납니다.

아침에 컵라면을 끓여 라면만 건져 먹고, 점심에는 남은 국물에 찬밥을 말아 먹었습니다. 비록 저녁엔 굶었지만 내일 아침 먹을 라면 생각에 행복하게 웃으며 책을 읽고 글을 썼습니다.

여름에는 전기세를 아끼기 위해 땀을 흘리며 책을 읽었고, 겨울에는 난방비를 아끼기 위해 외투를 입고 손에 입김을 내며 책을 읽었습니다. 그리고 1년 내내 지하방에서 기다란 다리가 많고 징그러운 친구들과 함께 지내야 했죠.

하지만 저는 가난도 추위도 벌레도 모두 친구라고 생각했습니다. 때론 눈물이 흘렀죠. 하지만 저는 웃으며 고통을 받아들였습니다. 삶에 두려움을 갖지 않기 위해서는 고통을 견딘 근육이 필요하다고 생각했으니까요.

저는 두려운 게 없습니다. 지금 이 순간 자신에게 최선을 다하면, 그게 내 삶을 아름답게 만들 최고의 방법이라는 사실을 믿으니까요.

너무 먼 미래를 생각하지 마세요.
20년 후를 꿈꾸는 것보다 어려운 건
지금 이 순간을 꿈꾸는 일입니다.
현실이라는 사악한 놈은 언제나
꿈을 버리고 어제와 같은 오늘을 반복하기를 원하니까요.
현실은 언제나 우리의 삶을 지루하게 만듭니다.

하지만 꿈을 가진 그대여,
처음부터 특별한 사람은 없습니다.
평범한 일을 특별한 마음으로 대하면
언젠가 아주 특별한 하루를 맞이하게 됩니다.

꿈꾸는 것도 용기가 필요합니다.

지금 아무리 힘들어도,

꽉 막혀서 도무지 앞이 보이지 않아도,

나를 특별하게 만들 그날이 찾아올 거라고 강력하게 믿으세요.

지금 내게 필요한 건

이 순간 꿈꿀 수 있는 뜨거운 용기입니다!

목표가 있다는 것의 위대함

내 이야기 조금 들려줄게.

친구들은 이제 막 대학을 졸업하고 대기업에 취직하거나 유학을 가던 시기였을 거야.

나는 4학년 1학기를 마친 뒤 자퇴를 선언하고 집을 나갔지.

그리고 고시원에 들어갔어.

돈이 없으니 허름한 건물 반지하에 있는 방에서 지냈지.

한 달에 10만 5000원을 냈을 거야.

그나마 사정해서 5000원을 깎은 가격이지.

대체 어떤 고시원이었냐고?

언젠가 닭장을 본 적이 있는데

아마 그 느낌을 상상하면 맞을 거야.

발을 뻗을 수조차 없는 좁은 곳이라
의자 위에 발을 올린 채 자야 했고,
아침에 일어나면 다리가 저려서 풀어 줘야 했지.
게다가 얇은 커튼이 방문을 대신하고 있었기 때문에
겨울엔 두꺼운 점퍼를 입은 채 자야 했고,
밥 먹을 돈이 충분하지 않아 매일 컵라면을 먹었어.
아주 가끔 사치를 하고 싶은 날엔
3분 미트볼을 사서 품에 꼭 안고 잤어.
아침에 일어나면 조금은 따뜻해지거든.
젓가락으로 하나씩 집어 아주 맛있게 먹었지.

어떠니?
옆방에 있는 사람의 숨소리까지 들릴 정도로
좁고, 불편하고, 춥고, 더러운 곳에서
나는 행복했을까?

참 이상하지?
추위에 떨며 아침에 일어나 먹었던 800원짜리 미트볼이
지금 최고급 스시집에서 즐기는 10만 원짜리 스시보다 더 좋았어.

왜 그랬을까?

이유는 아주 간단해.

당시 내겐 마음을 다친 사람들을 위한 글을 쓰고 싶다는 목표가 있었기 때문이지.

내 글로 아픈 사람을 치유하고 싶었고, 마음을 다친 사람을 떠올리면 지금 내가 겪는 고통은 아무것도 아니라는 생각이 들었어. 내가 지금 조금 불편하더라도 죽을 만큼 노력해서 세상의 빛이 될 수 있는 글을 써야겠다는 생각으로 살았지.

간혹 신간이 나오면 사람들은 내게 "대박 나세요."라고 하는데, 늘 말하지만 나는 대박을 꿈꾸지 않아. 대박이 나서 내 통장에 엄청난 돈이 입금되기보다는, 마음을 다친 사람들의 삶에 대박처럼 밝은 빛을 비출 수 있는 글을 쓰고 싶으니까. 작가가 대박이 나서 엄청난 돈을 벌면 뭐하겠어. 나는 결과가 주는 달콤함보다는, '아픈 사람을 위로하고 싶다'는 과정이 주는 행복을 평생 느끼고 싶어.

요즘 어떻게 살고 있니?
사는 게 쉽지 않다고?
그럴 땐 누군가 따뜻하게 손을 잡아 줘도 차가운 마음은 어쩔 수가 없지.
그래, 나도 그랬으니까.
하지만 너에게 들려주고 싶은 말이 하나 있어.

세상이 주는 온갖 부정적인 기운을 받아들이지 마.
대신 너의 목표를 다시 한 번 떠올려 봐.
나는 지난 경험으로 알고 있어.
분명한 목표가 있는 한
내 삶은 아름다울 거라는 사실을.

목표를 정했으면 그것만 보고 달려가자.
하나를 보며 달려가는 네 모습이 얼마나 멋진지 알고 있니?
세상에서 가장 아름다울, 네 삶을 응원할게.

내 꿈이 이뤄지지 않는 이유

세계적으로 저명한 과학자들이 모여 연구했다.
"과연 저 곤충이 날 수 있을까?"
그들의 의견은 일치했다.
"이 곤충은 몸통과 비교하면 날개가 너무 작고 가벼워, 과학적으로 판단할 때 절대 날 수 없다."
그런데 놀랍게도 그 곤충은 과학자들의 "절대 날 수 없다!"라는 연구 결과를 비웃기라도 하듯 지금도 잘 날아다니고 있다.
그 곤충의 이름은 호박벌이다.
과학자들은 이번에는 다른 주제로 연구를 시작했다.

"호박벌은 어떻게 날 수 있을까?"

연구 결과는 굉장히 충격적이었다.

"호박벌은 꽃을 찾아서 꿀을 먹는다는 단 하나의 목적을 갖고 태어났다. 그리고 '당연히 날 수 있다'는 강력한 믿음을 갖고 있기 때문에 날 수 있다."

놀랍고 멋지다!

결국 호박벌이 날 수 있는 이유는 간단하다.

"자신이 날 수 없다는 것을 모르기 때문에 날 수 있다."

지난날을 돌아보라.

계획했던 것을 얼마나 많이 성취했는가?

내 꿈에 얼마나 다가갔는가?

꿈은 사랑하는 연인 사이와 비슷하다.

자신의 가능성을 믿지 못한 채 나약한 마음으로 살아가는 사람을 사랑할 수 있는 사람은 별로 없다. 많은 사람이 엄청난 꿈을 가지고 살지만, 그에 비해 꿈을 이룰 수 있을 거란 믿음은 매우 약하다. 남들이 꿈을 가지라고 말하니, 그들에게 보여 주기 위해 꿈을 품은 채로만 사는 사람이 많은 게 현실이다. 꿈을 이룬 사람이 극소수인 이유가 바로 거기에 있다. 내가 내 꿈을 믿지 못하는데, 꿈이 어떻게 나를 믿고 망설임 없이 내게 안기겠는가.

내 상황이 외적인 것으로부터 비롯되었다고 믿을 때 끝없는 불만이 시작되고, 내 상황이 내적인 것으로부터 시작되었다고 생각하면 비로소 모든 변화가 시작된다.

자신의 가능성을 믿지 못해 꿈을 품고만 있는 사람은 모든 상황이 외적인 것으로부터 비롯되었다고 생각하는 공통점이 있다.

지금 자기 마음을 한번 점검해 보라.

내가 나의 오늘을 바꾸면,

분명 나의 내일이 바뀐다.

2009년에 개봉한 〈블랙〉이라는 인도 영화가 있다.

보지도 듣지도 못하는 여덟 살 소녀 미셸에게 끊임없는 사랑과 노력으로 세상과 소통하는 법을 가르쳐 주고, 미셸이 꿈을 꾸고 이룰 수 있게 해 주려고 노력하는 사하이 선생의 이야기를 담은 영화다. 사하이 선생은 미셸에게 먹는 법과 의사소통하는 법을 가르치며 세상을 살아가도록 도와준다. 그리고 비록 10년이 걸렸지만 미셸은 결국 대학을 졸업했다.

아무도 미셸의 꿈을 믿지 않았다. 사하이 선생이 처음 그녀를 대학에 보내겠다고 말하자, 이를 지켜본 모든 사람이 "아니 저 아이는 장애아잖소. 지금까지 그런 일은 없었소."라고 하며 부정적인 반응을 보였다. 하지만 사하이 선생은 거기에 굴복하지 않고 이렇게 응수했다.

"내가 저 아이에게 유일하게 가르치지 않은 단어가 있는데, 그건 바로 '불가능'입니다."

　꿈을 이루는 과정은 원래 힘든 거다.
　그런데 우리는 너무 징징거리며 필요 이상의 위로를 받는다.
　최소한 내게 간절하게 이루고 싶은 꿈이 있다면, 분명한 건 지금은 위로 받을 시기가 아니라 마지막 힘까지 다해 씩씩하게 전진해야 할 때라는 것이다.
　'지면 할 수 없지'가 아니라 '지면 끝이다!'라는 생각으로 세상에 도전하라.
　나는 그대의 하루가 조금 더 독해지기를 바란다.

　하나 묻는다.
　당신은 지금까지 "나는 할 수 있다!"라는 말의 엄청난 힘을 스스로 인지하고 외쳤는가? 아니면 그저 남들에게 당당한 모습으로 보이기 위해 '할 수 있는 척'을 한 것인가? 당신은 자신감을 연기하는 연기자가 아니다. 당신이 품고만 있는 꿈이, 가슴 안에서 울고 있는 소리가 들리지 않는가? 이제 불가능에 대한 1퍼센트의 의심도 섞이지 않은 완벽한 자신감으로 세상에 외쳐라.

　나는 불가능을 모른다.
　나는 무엇이든 할 수 있다.

꿈꾸는 사람은
후회하지 않는다

한 초등학생이 아버지 앞에서 무릎을 꿇고 있다. 대체 무슨 잘못을 한 걸까? 아버지는 울고 있는 아이에게 굳은 목소리로 이렇게 말한다.

"야구는 절대 안 된다."

이 작은 아이는 정말 야구를 하고 싶은 마음에, 완강하게 반대하는 아버지 앞에서 무릎까지 꿇고 눈물을 보였던 것이다. 하지만 아버지는 운동을 하다가 중간에 그만두면 사회의 낙오자가 될 수 있다는 생각에 아들이 야구의 꿈을 버리길 바라고 있다. 하지만 아들의 한마디가 완강한 아버지의 마음을 움직였다.

아들은 눈물을 뚝뚝 흘리며 이렇게 말했다.

"아버지가 걱정하시는 건 알겠지만, 야구 때문에 실망시켜 드리는 일은 절대 없을 겁니다. 저를 믿어 주세요."

아버지의 승낙이 떨어졌고, 아이는 초등학교 4학년 때부터 야구 인생을 시작한다. 그는 자기가 내뱉은 '믿어 주세요'라는 말을 지켜 내기 위해 30년 동안 최선의 노력을 했다. 야구를 포기하고 싶을 때도 있었지만, 아버지와의 믿음을 지켜 내기 위해 멈추지 않고 전진했다. 그렇게 30년이 지난 지금, 그는 한국 야구 역사에 길이 남을 통산 400홈런의 기록을 이뤄 냈다.

그의 이름은 바로 이승엽이다. 야구에 관심이 없는 사람은 잘 모를 수도 있지만, 삼성의 류중일 감독이 그의 400호 홈런볼의 가치가 10억 원은 될 거라고 말할 정도로 대단한 업적을 이룬 선수다.
많은 기자가 그에게 물었다.
"500홈런은 언제쯤 가능할까요?"

하지만 그는 짧게 "500홈런은 생각하지 않고 있습니다."라고 답했다. 그가 500홈런을 의식하지 않는 이유는 은퇴 시기를 이미 결정했기 때문이다. 이승엽이 특별한 이유가 바로 여기에 있다. 은퇴 시기를 물으면 많은 사람이 "할 수 있을 때까지 하겠습니다."라고 말한다. 그 말에 숨은 뜻을 해석하면 이렇다.
"시켜 주실 때까지 하겠습니다."

할 수 있을 때까지 하겠다는, 그러니까 시켜 줄 때까지 하겠다는 말은 자기 일을 하는 사람 입에서 나올 수 있는 말이 아니다. 자기 일을 하는 사람은 은퇴 시기를 스스로 결정한다. 아주 당연한 이치지만 정말 중요한 것이다. 남의 일을 하는 사람은 남에 의해 은퇴가 결정되고, 자기 일을 하는 사람은 스스로 은퇴를 결정할 수 있다. 내일이 두렵고 언제나 먹고사는 걱정을 한다면 당신은 남의 일을 하고 있을 가능성이 크다.

그건 이승엽이니까 가능한 거 아니냐고?
이승엽도 처음부터 야구에 엄청난 재능이 있었던 건 아니다.
"홈런왕의 비결이 무엇입니까?"라는 질문에 그는 이렇게 답했다.
"어릴 때부터 실력이 그렇게 뛰어나다고 생각하지 않았습니다. 하지만 좋은 스승을 많이 만나 꾸지람과 칭찬도 많이 들었고, 많은 훈련량으로 야구 실력이 향상되었습니다."

사실 누구나 살면서 좋은 스승을 만난다. 더구나 프로가 되면 최고의 스승 밑에서 특별한 훈련을 받는 기회가 주어진다. 여기서 우리는 이렇게 질문할 수 있어야 한다.
"같은 스승에게 같은 훈련을 받아도 사람에 따라 전혀 다른 결과가 나오는 이유는 뭘까?"
아무리 노력해도 결과가 만족스럽지 않다면 생각 자체를 바꿔야 한다. 그런 사람에겐 스승이 없는 게 아니라, 좋은 스승의 가르침을 나만의 것으로 흡수할 능력이 부족한 거다.

흡수력은 어디서 오는가?
나는 이승엽 아버지의 말에서 답을 찾았다.
"제 아들이지만 정말 부지런하고 성실한 사람입니다. 그게 몸에 배어서 오늘의 기쁨이 있는 것이고요. 승엽이의 좌우명이 뭔지 아십니까? '진정한 노력은 후회가 없다'입니다. 그 좌우명을 몸소 실천하면서 지금까지 선수 생활을 하고 있습니다."

흡수력은 테크닉이 아니라 굳은 믿음에서 나온다. 나는 그의 삶을 사색하며 우리에게 부족한 건 내가 흘린 땀에 대한 믿음이라는 사실을 깨달았다. 이승엽은 자기가 흘린 땀을 굳게 믿었다. 그 믿음이 스승의 가르침을 자신의 것으로 흡수할 수 있도록 도왔다.

생각해 보라. 이 세상에 내가 흘린 땀만큼 아름다운 게 또 있을까? 나는 오늘도 내 하루가 세상에서 가장 아름답다는 사실을 알고 있다.

그는 힘들어도 꿈을 포기하지 않았다.
꿈꾸는 사람은 인생에 후회를 남기지 않기 때문이다.
뜨겁게 꿈꾸는 사람은 언제나 이렇게 말한다.
"나는 나의 땀을 믿는다."

| **부러워야 성장한다** | 많은 사람이 기쁨을 나누면 배가 되고, 슬픔을 나누면 반이 된다고 말한다. 하지만 그건 듣기 좋은 소리일 뿐, 세상은 우리의 생각처럼 아름답 |

지만은 않다. 누군가 전한 기쁜 소식을 자신의 일처럼 기뻐해 주는 사

람은 많지 않다. 오히려 '에이, 운이 좋았구나.', '누가 뒤를 봐주는 거 아냐?'라는 생각에 빠져 타인의 기쁨을 폄하하려고 한다.

반대로 고개를 숙이며 슬픈 소식을 전하면 그 사람을 안아 주기보다는, 그걸 약점으로 삼아 어떻게 이용해 먹을지 생각하는 사람이 많은 게 사실이다.

'부러우면 지는 거다'라는 말이 있다.

하지만 나는 지난 10년 동안 부러워야 이기는 거라고 말해 왔다. 부러우면 지는 거라고 생각하는 사람들은 남의 기쁜 소식을 자신의 일처럼 기뻐해 줄 수 없다. 그들은 타인의 단점만을 들춰내 성취를 폄하할 가능성이 높기 때문이다. 그래야 부러워하지 않을 수 있으니까.

하지만 반대로 부러워야 이기는 거라고 생각하는 사람은 다르다. 그들은 타인의 기쁨을 자신의 일처럼 기뻐해 준다. 그리고 그의 노력과 꿈, 포기하지 않는 열정을 배워 자신도 그처럼 무언가를 성취하기 위해 멈추지 않고 노력한다. 타인을 제대로 바라보기 위해서는 그 사람의 성취를 부러워해야 한다. 그래야 그 사람에 대한 완벽한 분석이 가능하다.

사촌이 땅을 사면 배 아파하지 말고, 사촌이 그간 흘린 땀과 고통의 시간을 온몸으로 느끼며 축하해 주고 자신도 그처럼 무언가를 이뤄 내기 위한 출발선에 서야 한다.

"자꾸 그 자리에 멈춰 불평과 비판만 하는 자에게 주어지는 건 퇴보뿐이다."

결국 당신에게 일어난 어떤 사건을 멈춤의 계기로 삼느냐, 아니면 출발의 계기로 삼느냐는 오직 당신에게 달려 있다.

누군가의 성취를 할 수 있는 만큼 최대한 부러워하라. 그 사람을 부러워한다는 건 당신 안에 꿈이 살아 꿈틀거리고 있다는 뜻이다. 그 사람의 기쁨을 내 일처럼 기뻐한다는 건 당신 안에 죽어도 포기할 수 없는 꿈이 있다는 뜻이다.

그리고
이제 당신도 떠나라.
부러움이 이끄는 곳으로 당신도 출발하라.

열정에 대하여 | 붉게 물든 나무를 바라보며 '열정이란 무엇일까?'에 대한 사색을 했습니다. 과도한 액션과 평균 이상의 활기로 자기 소리를 크게 내는 사람을 열정적인 사람이라고 생각하는 분이 많죠.

그런데 저는 생각이 조금 다릅니다.

물론 그들 중에 열정적인 사람이 있을 수도 있겠죠.

하지만 저는 그들에게서 가공된 열정, 즉 '내가 진짜 열정적인 사람이지!'라는 자만심으로 가득한 모습이 보입니다.

제겐 열정과 자만을 나누는 기준이 하나 있습니다.
열정을 표현할 때 우리는,
"너의 열정이 참 뜨겁다."라고 말하지,
"너의 열정이 참 시끄럽다."라고 하진 않습니다.
열정은 '소리'가 아니라 '온도'이기 때문입니다.
소리는 내가 아닌 남을 의식하는 데서 오는 표현이고,
온도는 오직 나를 의식하는 데서 오는 표현입니다.
그래서 진짜 열정을 가진 사람은 남을 의식하지 않습니다.

반면에 소리에 집중하고 자신의 열정을 자랑처럼 떠드는 사람은 내가 아닌 타인을 의식하는 사람입니다. 뜨거움이 없는 열정은 그저 자만일 뿐입니다. 작은 성과를 크게 부풀려서 세상에 자신을 내세우고 싶은 사람의 행동일 뿐이죠.

세상엔 몸이 불편해 움직이지 못해도,
듣거나 말하는 게 불편해도,
누구보다 열정적으로 세상을 사는 사람이 많습니다.

그들은 겉이 아닌 안에서 타오르는 사람입니다.
다시 한 번, 열정은 소리가 아닌 온도입니다.

붉게 물든 나무를 바라봅니다.
아무도 나를 알아주지 않지만,
그 자리에서 움직일 수도 없지만,
누구보다 뜨거운 가슴으로
조용히 홀로 뜨거워지는 모습에서
열정적이라는 말의 의미를 알 수 있습니다.

세상이 내 꿈을 외면하고,
가능성을 알아주지 않는다고,
걱정하거나 포기하지 마세요.
아무도 몰라도 괜찮습니다.
내가 내 열정을 알고 있으니까요.

그리고 이젠 주변의 소리가 아니라
자기 안의 뜨거운 온도에 집중하기로 해요.
"태양을 본 사람은 촛불에 연연하지 않는 법이니까.
나는 꺼지지 않는 태양처럼 뜨거운 열정을 가진 사람이니까.
그 뜨거움을 바로 내가 알고 있으니까."

03 절제

모든 현재는
미래를 대표한다

내 기대에 부응하며 사는 삶

여기, 아주 독특한 자세로 일하는 여성이 있다.

그녀는 지난 10년 동안 러닝머신(트레드밀)과 책상이 합체된 아주 특별한 책상에서 일하고 있다. 이 놀라운 모습으로 일하는 여성의 이름은 세계적인 축구 스타 베컴의 부인이자 패션 디자이너와 모델로 활동하고 있는, 인기 그룹 스파이스 걸스(Spice Girls) 출신의 빅토리아 베컴이다.

사업뿐만 아니라 내조 그리고 3남 1녀의 양육까지 완벽하게 소화하는 그녀. 하지만 이렇게 바쁜 생활을 지속하면 건강에 신경 쓰기가 쉽지 않다. 그래서 건강과 날씬한 몸을 유지하기 위해 운동을 포기할 수 없었던 그녀는 심각한 고민에 빠졌다.

"지금 하는 일을 모두 완벽하게 하면서 몸매까지 관리할 방법이 뭐가 있을까?"

그녀의 질문을 눈여겨봐야 한다.

많은 사람은 지금 하는 일에 어떤 일을 추가할 때 기존에 하던 일을 줄이고 새로운 일을 하려고 한다. 하지만 그녀는 다른 질문을 던졌다. 지금 하고 있는 일을 그대로 유지하면서 몸매도 관리할 방법을 구한 것이다. 치열한 질문 끝에 그녀가 찾아낸 답은 놀랍게도 사무실 안에 러닝머신을 가져다 놓는 것이었다.

"질문을 바꾸는 자만이 현실을 바꿀 수 있다."

세상에는 그녀처럼 자신의 삶을 원하는 대로 바꾸지 못한 채 살아가는 사람이 많다. 그렇게 사는 가장 큰 이유는 주위에서 떠드는 소리에 너무 민감하게 반응하기 때문이다.

"사무실에 어떻게 러닝머신을 가져다 놓을 수 있나요?"라고 묻는 사람도 있을 것이다. 나는 지금 당신에게 '사무실에 러닝머신을 가져다 놓으라'는 이야기를 하는 게 아니다. 그녀처럼 자기만의 삶을 살라는 것이다. 그녀니까 할 수 있는 방법이었다고 불평하지 말고, 당신이니까 할 수 있는 방법을 찾아내라는 말이다. 당신이 자신의 방법을 찾지 않는 이유는 너무 심각하게 타인의 눈을 의식하기 때문이다.

내 삶인데 왜 자꾸 다른 사람을 의식하는가? 애써 그들을 설득하거나 내 입장을 이해시키려 하지 마라. 그들은 어차피 자기 생각대로 당신을 평가할 뿐이다. 당신이 뭐라고 하든 그건 그들에게 변명으로 들릴 뿐이다.

오직 하나만 생각하라.
"나는 내 기대에 부응하기 위해 산다!"

왜 자꾸 남의 기대에 부응하며 살고 있는가? 당신이 자신의 기대에 완벽하게 부응하며 살 때, 비로소 주변 사람들도 당신을 인정할 것이다. 사실 그들에게 인정받음에 기뻐할 이유도 없다. 당신은 오직 자신의 기대에 부응하는 데만 신경 쓰면 되기 때문이다.

하이힐을 신고 운동하는 그녀의 모습을 보면서도 반응이 갈릴 것이다. "하이힐이네. 이거 설정이구만!"이라 말하는 사람도 있을 것이고, "하이힐을 신고 걷다가는 발이 망가질 텐데."라고 하는 사람도, "정말 대단하네. 굉장한 열정을 가진 사람이야!"라고 하는 사람도 있을 것이다.

다른 건 필요 없다.
우리가 바라보고 느껴야 할 건 오직 하나다.
그녀가 자신의 삶에 집중하듯,
당신도 오직 당신 자신에게 집중하라.

"내가 어제 기대한 목표에 완벽하게 부응한 오늘을 살았다면
그걸로 된 거다."

오늘을 즐기기 | 나는 30킬로그램 넘게 몸무게를 감량했고, 10년 동안 매일 한 갑 반을 태우던 담배를 하루아침에 끊었다. 감량한 몸을 20년 동안 유지하고, 금연은 8년째 지키고 있다.

03. 절제 **53**

많은 사람이 묻는다.

"도대체 그렇게 할 수 있는 비결이 뭔가요? 정말 궁금합니다."

내 답은 아주 간단하다.

"그냥 그렇게 하시면 됩니다."

다이어트를 위해서 덜 먹고 더 움직이는 것, 건강을 위해 금연하는 것, 다른 무슨 방법이 필요할까?

물론 나만의 방법이 있다.

음식을 덜 먹고 조금이라도 가벼워진 몸으로 걷고 뛰며 내 몸 자체를 즐기는 것이다. 담배를 끊고 더는 냄새가 나지 않는 내 몸을 즐기는 것이다. 초점을 배고픔과 흡연의 욕구에 맞추지 않고 그게 사라진 내 현실에 맞춰 거기서 즐거움을 느끼는 것이다.

비판을 받고 싶지 않다면 방법은 간단하다. 비판하지 않으면 된다. 마찬가지로 나를 중독시킨 모든 것들에서 풀려나고 싶다면, 그게 중독이라고 생각하지 않으면 된다. 그저 내가 언제든 마음의 명령을 내리면 사라지는 것들이라고 생각하면 된다.

물론 중독은 쉽게 벗어나기 힘들다. 하지만 중독에서 벗어난 나의 오늘을 즐기겠다는 마음이라면 중독에서 벗어날 가능성이 커질 것이다. 중독된 내가 아니라, 벗어난 내 모습에 초점을 맞추고 그 자체를 즐기자.

그리고 언제나 기억하자. 세상에서 가장 가련한 사람은 자기 마음의 시중을 드는 사람이라는 사실을.

나는 내 삶을 제어할 수 있다 | 나는 인간이 가진 놀라운 힘을 믿는다. 그래서 불치병이나 사고를 피하는 것을 제외하고는 기본적으로 인간은 무엇이든 할 수 있는 존재라고 생각한다.

다이어트도 마찬가지다.

다이어트에 실패한 많은 사람이 가장 먼저 하는 건 변명거리를 찾는 일이다.

- 나잇살은 정말 어쩔 수가 없네.
- 야근 스트레스 때문에 자꾸 먹네.
- 회식에 빠질 수도 없고······.

그들의 변명은 굉장히 다양해서 도저히 열거할 수 없을 정도인데 분석해 보면 하나로 귀결된다.

"내가 좋아서 스스로 선택해서 먹었다."

누군가 아무리 강요해도 결국 선택은 내 몫이다. 만약 회식 때 어쩔 수 없이 많이 먹었다면 한 끼를 굶거나 다른 방법도 찾아볼 수 있다.

하지만 식욕에 진 사람들은 이런 변명으로 상황을 회피하려고만 한다.

"정신을 차려 보니 이미 배가 불러 있었어!"

"적당히 먹으려고 했는데 손이 저절로 움직였어!"

우리는 언제나 누군가에게 책임을 전가하는 데 능숙하다. 다이어트 실패 역시 마찬가지다. 많은 사람이 자신의 의지로 먹은 게 아니라는 점을 강조하지만, 결국 그들은 다이어트보다 지금 눈앞에 있는 음식을 선택한 것일 뿐이다. 그 순간 참기보다는 먹는 게 좋았던 것이고, 살이 찐 이유는 순간순간 나를 제어하지 못한 결과일 뿐이다.

'나는 내가 생각하고 선택한 대로 살게 된다.'

한 독자가 내게 이런 고민을 털어놓았다.

"작가님, 아무래도 저는 제 어두운 성격을 고쳐야 할 것 같아요. 사람들과 사귀는 것도 그렇고 제 성격 때문에 손해 보는 게 많은 것 같아서요."

나는 그를 자세히 관찰한 후 이렇게 답했다.

"맞습니다, 어두운 성격이시군요. 하지만 당신의 문제는 성격이 아니라 당신의 생각인 것 같습니다. 제가 볼 때 지금 당신은 어두운 게 아니라 매우 차분해 보입니다. 좋은 면을 발견할 수 있는데, 왜 굳이 자신을 어둡다고 생각하시죠?"

성격도 선택의 결과다.

사람은 자신이 선택한 대로 살게 된다. 내성적인 사람은 어두워 보인다는 단점과 차분하다는 장점이 공존한다. 하지만 어두운 성격을 선택하면 모든 게 부정적으로 변하고, 그를 바라보는 사람들도 그 사람의 부정적인 기운이 느껴져 가까이하지 않게 된다. 더 불행한 건, 스스로 부정적인 사람이라고 낙인을 찍어 버리게 되는 것이다.

하지만 차분한 성격을 선택하면 이야기는 달라진다. 스스로 일을 꼼꼼히 처리하니 실수를 잘하지 않는 완벽한 사람으로 인정받게 된다. 게다가 자연스레 주변에서도 그런 그와 친하게 지내려 할 것이고, 삶이 행복해질 것이다. 결국 행복마저도 나의 선택인 셈이다.

내가 나를 바라보는 시각을 바꾸는 것만으로, 내가 단점이라고 생각했던 성격도 최고의 장점이 될 수 있다. 하지만 어두운 성격을 고치기 위해 누군가의 도움을 받아 거울을 보며 억지로 웃는 연습을 하거나, 억지로 쾌활한 척 큰 소리로 웃고 떠든다고 달라지는 건 없다. 스스로 선택하지 않은 모든 효과는 그 순간뿐이다. 그 순간이 지나 홀로 남게 되면 더욱 초라한 자신과 마주할 뿐이다. 웃을수록 불행해지는 놀라운 경험을 하게 될 뿐이다.

중요한 건 누군가의 도움이 아닌 나의 선택이다.
나를 믿을 수 있는 용기만 있다면

나는 내 삶을 제어할 수 있다.

다만 뜨겁게 믿고, 내게 이렇게 외치길.

"나는 나를 믿는다."

자제력보다 강한 탄력은 없다

하루는 40대 중반의 한 여성이 이런 하소연을 했다.

"작가님, 저도 이제 나이가 들어서 조금만 먹어도 얼굴이 붓고 피부 탄력이 예전 같지 않네요. 세월을 이길 수는 없나 봅니다."

나는 그녀의 생활 습관과 섭취하는 음식 등에 대한 이야기를 자세하게 들은 후, 식사와 운동에 대한 조언이 담긴 메모를 건네며 이렇게 충고했다.

"오늘부터 제가 적어 드린 대로 드시고 운동하세요. 물론 처음에는 힘드시겠지만, 시간이 지날수록 놀라운 무언가를 발견하실 수 있을 겁니다."

몇 달 후 그녀는 다시 나를 찾아왔다.

그녀의 얼굴은 이전과 달라져 있었다. 화장을 진하게 한 것도, 성형 수술을 한 것도 아닌데 그녀의 얼굴은 전보다 아름다웠다. 그녀는 밝은 목소리로 내게 말했다.

"작가님, 작가님이 말씀하신 놀라운 무언가를 드디어 찾았습니다. 제 삶에서 가장 소중한 것은 피부의 탄력 따위가 아니라 나를 제어할 수 있는 자제력이었습니다."

나 역시 비만으로 외모에 대해 고민이 많았다.
'왜 어머니는 내게 뚱뚱해 보이는 옷만 사 주시는 걸까?'라며 불평했다. 담배도 10년 동안 엄청나게 즐겼다.
하지만 나는 나 자신에게 명령했다.
"음식을 적당히 즐기고, 당장 담배를 끊겠다."
그리고 30킬로그램 이상을 감량했고, 지난 10년 동안 금연하고 있다.

나도 겪어 봐서, 지금 거울을 보며 고민에 빠진 당신의 마음을 알 수 있다.
그리고 또 아는 사실이 있다.
당신은 나이가 들어 얼굴 피부의 '탄력'을 잃은 게 아니라, 음식에 대한 '자제력'을 잃어 처진 것이다. 나이가 들어 아침에 얼굴이 붓는 게 아니라, 식욕에 지고 밤늦게 먹고 자서 붓는 것이다. 당신이 입은 옷은 뚱뚱해 보이는 옷이 아니라, 실제로 뚱뚱한 것이다.

세상에는 뚱뚱해 보이는 옷도,
먹지 않았는데 붓는 얼굴도 없다.

탄력을 잃어 간다고 걱정하지 마라.
세상에 자제력보다 강한 탄력은 없다.

다만 지금 당장 시작하라!
금연을 하겠다는 사람은 "이것만 다 피면!"이라고, 다이어트를 하겠다는 사람은 "오늘만 먹고!"라고 말하며 결정을 미룬다.
하지만 나는 알고 있다.
'지금 당장이 아니면 그 사람은 영원히 아닌 것이다.'

그리고 효율적으로 자신의 삶을 관리하라!
자신은 먹고 싶은 거 다 먹지만 엄청나게 운동하며 몸무게를 유지한다고 말하는 사람도 사실 매우 비효율적인 삶을 사는 셈이다. 그들의 삶을 살펴보면 대개 하루에 두 시간 이상을 운동으로 소비한다. 모든 건 적당하게 자제해야 한다. 그는 결국 음식을 자제하지 못하고 폭식했기 때문에 두 시간 이상 운동하며 몸무게를 유지하는 것이다. 운동이 직업이 아니라면 그렇게 무리하게 자신의 몸을 혹사할 이유가 없다. 몸은 적당히 쓰면 건강해지지만, 혹사하면 자동차 엔진처럼 수명이 줄어들게 된다. 만약 그가 음식을 적당하게 즐겼다면 운동은 30분이면 충분했을 것이고, 남은 시간은 자신을 위해 쓸 수 있었을 것이다. 그는 자신을 제어하지 못한 대가로 엉뚱한 곳에 시간을 소비하고 몸을 혹사하는 아주 비효율적인 삶을 사는 것이다.

당신의 마음을 당신이 움직이는 순간,
이전에는 경험할 수 없었던 진짜 삶을 발견하게 될 것이다.
마음의 시중을 들지 마라.
값비싼 화장품과 성형 수술의 힘이 아닌,
당신의 삶을 당신이 제어할 힘을 가져라.

당신의 삶은 당신이 제어하라.

균형을 잡고 산다는 것

나는 유독 손잡는 걸 좋아한다.
아무리 더워도 손을 잡고 걷고,
두 시간 동안 손을 잡고 영화를 본다.
오죽하면 택시 안에서도 손을 잡을 정도다.

손을 꼭 잡고 있으면
그 사람이 느껴진다.
그 사람이 살아온 세월과
아주 작은 마음의 조각까지 보인다.
손을 잡으면 그와 나 사이의 균형이 잡히는 느낌이다.
나는 그게 참 좋다.

손이 거칠어도, 차가워도 괜찮다.
모양과 감촉은 아무런 상관이 없다.
손을 잡는다는 건 마음을 나누는 거니까.
그의 마음을 내 마음에 초대하는 거니까.

가끔 예전 사진을 꺼내 본다.
반짝이는 귀걸이도 하고
파격적인 색으로 머리 염색도 하고
당시 받아들이기 힘들었던 옷을 입고 다녔지만,
시간이 지나 생각해 보면 참 잘했다.
남다른 독특한 생각과 마음가짐으로 살아왔지만,
그게 모여 결국 지금의 내가 되었으니까.

내가 과거를 회상하는 이유는 아주 간단하다.
나의 과거와 손을 잡고 싶기 때문이다.
그때 가졌던 꿈과 너무 멀리 떨어진 건 아닌지,
내가 지금 올바른 길을 가고 있는 건지,
과거와 현실 사이의 균형을 잡기 위해서다.

누구든 삶이 흔들릴 때가 있다.
그럴 땐,

뜨거웠지만 외로웠고
빛났지만 아팠던 지난날을 돌아보라.
그리고 그 시절의 나와 손을 잡고
그때 그 마음을 다시 내 삶에 이식하라.

처음 가졌던 그 마음에서
너무 멀리 떨어지지 않을 수 있게.
흔들리지 않고 나를 사랑하기 위해.

04 사색

삶은 잠시 멈춰 생각하는
사람에게만 답을 준다

오직 내게만 집중하는 삶이 주는 기적

우리는 저마다 자기 삶에서 최선의 노력을 하며 산다. 그런데 왜 내 삶은 내게 만족을 주지 못하는 걸까?

이유는 간단하다.

내가 세상을 향해 매일 던지는 몇 가지 질문 때문이다.

"저 사람은 나를 어떻게 생각할까?"

"이렇게 하면 나를 좋아해 주겠지?"

왜 우리는 내게 주어진 소중한 시간을 남을 생각하고 의식하며 보내는 걸까? 남이 나를 좋아해 주는 게 아니라 내가 나를 좋아하는 게 정말 중요한 일인데, 왜 평생 한 번도 그러지 못하고 삶을 마치는 걸까?

나는 사회성이 있는 인간이고, 나보다는 남을 먼저 생각하는 진짜 어른이라고 말하고 싶은 걸까? 하지만 언행에 앞서 타인을 의식하는 건 높은 사회성을 대변하는 행동이 아니다. 삶에서 가장 중요한 건 내가 바로 서는 일이다. 세상에 도움을 주고 싶다면 도움을 줄 수 있는 내가 돼야 한다. 남을 연구하지 말고, 나를 연구해야 한다.

'나는 나 전문가가 돼야 한다.'

나를 공부하기 위해 가장 먼저 해야 할 건 순간을 지배하는 일이다. 순간만이 우리가 가진 최고의 힘이다. 순간을 지배하지 못하는 사람은 영원을 꿈꿀 수 없다.

전설적인 투자자인 벤저민 그레이엄은 가난으로 인해 다양한 직업을 경험해야 했다. 하지만 처음부터 승승장구한 것은 아니었다. 그는 회고록에서 이렇게 밝혔다.

"직장에서 무능한 직원이 부모를 잘 만나 승승장구하고, 성실하고 유능한 직원은 인정받지 못한다. 세상일은 알 수 없다."

하지만 그는 세상일은 알 수 없다고 모든 걸 내려놓고 될 대로 되라는 식으로 사는 대신, 오직 자기 자신에게만 집중하는 삶을 선택했다. 세상일은 알 수 없기 때문에 그만큼 내게 집중하면 세상이 예상치 못한 멋진 일을 할 수 있다고 생각을 전환한 것이다. 당신은 왜 매일 당신의 삶을 세상에 맡기는가? 내 삶은 오직 내게만 맡겨야 한다.

'내가 시작하고, 내가 끝내는 거다. 주인공은 나이고, 세상은 관객일 뿐이다.'

오직 내게만 집중하는 사색가가 되라. 세상의 명령을 거부하고 내 삶이 말하는 내면의 목소리를 듣고 따라가라. 당신에게는 거절할 권리가 있다. 원치 않는 요구와 질문에 단호하게 '싫다'고 말할 수 있는 자유가 있다. 오직 내 삶과 이 순간에 집중하라. 내 삶이 지겹고 팍팍한 이유는, 내 하루가 내가 아닌 남으로 점철되어 있기 때문이다.

'내가 내게 집중할 때 비로소 삶이 황홀해진다.'

열 번을 살아도 할 수 없는 위대하고도 광대한 작업을 한 생애에 완벽하게 이뤄 낸 독일의 거장 괴테는 어린 손자를 위해 이런 시를 읽어 줬다.

"한 시간에는 1분이 60개가 있다.
하루에는 1000개가 넘게 있다.
어린 아가야, 잊지 말아라.
사람은 무슨 일이든 할 수 있음을."

괴테는 말한다.
"오직 내게만 집중하는 사람에게는 불가능이란 없다."
세상에서 가장 슬픈 일은 많이 배우지 못한 게 아니라, 내가 나를 모른다는 것이다. 지금 당신은 정말 중요한 사실을 잊고 사는 건 아닐까?
'나라면 충분하다!'는 위대한 사실을.
'당신이라면 충분하다!'

| 사색은 실천입니다 | 괴테는 평생 성장하는 사색가로 살았죠. 사색은 쉽지 않습니다. 실천으로 이어지지 않는 사색은 껍데기에 불과하기 때문이죠. |

괴테도 실천의 중요성을 알고 있었습니다.
그래서 그는 직접 텃밭을 가꾸고,
거기서 재배한 것들로 요리를 즐겼죠.

괴테는 열매라는 결과가 주는 즐거움보다는,
어둠 속에서 땅을 뚫고 솟아오르는
작은 씨앗의 가슴 터질 듯한 생명력에 감탄했습니다.

저는 최근 경기도 부근의 물과 산이 좋은 곳에서
직접 텃밭을 가꾸고 생명의 위대함을 느끼며,
살아 숨 쉬는 모든 것들의 아름다움을 경험하고 있습니다.
바라보고 있으면 벅찬 감동에 마음에서 눈물이 흐릅니다.

때로 말은 너무나 허무합니다.
빠르게 전해지지만 허공에 머물다 사라질 뿐이죠.
하지만 실천하는 사색은 사라지지 않고 쌓입니다.
사색은 테크닉이 아닌 마음이기 때문입니다.
사랑보다 진한 사랑이기 때문입니다.

살아 있다는 건 정말 멋진 일입니다.
바라보고 듣고 느낀 것들을 사색할 수 있다니

아…… 정말이지 멋진 삶입니다.
저는 죽는 날까지 사색하며 글을 쓰고,
세상을 사랑하던 그 모습 그대로 살아가려 합니다.
말이 아닌 삶으로 사색을 세상에 남기겠습니다.

그대의 멋진 삶도 응원합니다.
이 글을 읽는 모든 분을 사랑합니다.
그대를 사랑할 수 있어 행복합니다.

세상을 바꾸는 1퍼센트는 어떻게 결정되는가

많은 사람이 세상을 바꾸는 1퍼센트의 삶을 살기를 바란다. 요즘 내 사색의 주제는 그 답을 찾는 것이었다. 그런데 치열한 사색 끝에 어제 답을 찾아냈다.

나는 10여 년 전부터 포털사이트 다음에 '살며 시 쓰며'라는 카페를 운영하기 시작했는데, 내 시를 사랑해 주는 회원이 5만 명이나 되었다. 당시 매일 200명이 넘는 회원이 새롭게 가입할 정도로 많은 독자의 호응을 얻었지만, 언제나 적극적으로 글을 남기며 자신의 의견을 표현하는 사람은 5만 명의 1퍼센트인 500명 정도였다.

온라인에서 공지하고 강연을 할 때도 마찬가지다. 공지를 받은 커뮤니티의 회원이 만 명이면 참석자는 놀랍게도 1퍼센트인 100명 안팎으로 구성된다. 아무리 숫자가 늘어나도 1퍼센트만이 움직인다는 결과는 바뀌지 않는다.

왜 이런 결과가 나오는 걸까?

전 세계 80퍼센트의 사람이 20퍼센트의 부를 소유하고, 20퍼센트의 사람이 80퍼센트의 부를 소유한다는 파레토의 80-20 법칙을 다음과 같이 응용해 보자.

세상의 인구를 100명이라고 하면, 자신을 성장시키고 세상을 아름답게 변화시키고 싶다는 생각을 하는 사람은 20명이다. 하지만 그들은 인생에서 만나는 수많은 걸림돌에 걸리며 처음 가졌던 생각을 놓아 버리게 된다. 하지만 20명 중 단 한 명은 어떤 고난을 겪어도 포기하지 않고 끝까지 간다.

그가 바로 1퍼센트, 사색가다.

움직인다는 것은 사색한다는 것이다.
적극적으로 사색하면 움직이게 된다.
사색가는 실천만이 사색의 결과를 증명할 수 있는 유일하고도 완벽한 수단이라는 사실을 알고 있다.

내가 지인들에게 가장 자주 듣는 말 중에 하나는 이것이다.

"이상하게 네가 하는 말은 현실이 되는 것 같아."

나는 마법사가 아니다.

능력자도, 천재도 아니다.

극히 평범한 사람 중 한 명일 뿐이다.

하지만 내겐 단 한 가지 능력이 있다.

'실천'

세상을 바꾸는 1퍼센트는 어떻게 결정되는가?

나는 이렇게 결론 지었다.

'어떤 어려움과 갑작스러운 일이 생겨도 처음 결정했던 그것을 끝까지 하고야 마는 사람.'

지금 어디서 무엇을 하든

어떤 어려움이 있어도

마음에 품은 그것을 실천하라.

그런 당신이 바로 세상을 바꾸는 1퍼센트니까.

**멈추지 않는
성장을 위한 사색** | 나는 서른 살이 넘어 전 직원이 두 명인 아주 작은 회사에서 기획자로 첫

직장 생활을 시작했다. 많은 사람이 작은 회사에 다니는 나를 가엽게 여기거나 불쌍하게 생각했지만, 나는 전혀 그들의 말에 동의할 수 없었다. 이유는 간단했다. 나는 언제나 내가 지금 있는 곳이 최고의 회사라고 생각했기 때문이다. 회사의 환경과 비전은 그리 중요하지 않았다.

내 사색의 주제는 오직 이것 하나였다.

'최고의 기획자가 되자!'

하지만 많은 사람은 자신이 머무는 곳의 규모와 비전에 민감하다. 그래서 어떤 이는 높은 매출을 내는 대기업에 다니는 걸 자랑하고, 반면에 작은 회사에 다니는 사람들은 스스로를 부끄럽게 여긴다.

나는 가끔 사람들에게 꿈이 무엇이냐고 묻는데, 많은 사람이 이런 식으로 답을 한다.

"비록 지금은 여기서 일하지만 제 꿈은 엄청나게 큽니다."

그들의 표정은 마치 자신은 이런 곳에 있을 사람이 아니라고 말하는 듯하다. 하지만 내 생각은 조금 다르다. 물론 엄청나게 큰 꿈을 가졌다는 건 매우 중요한 일이다. 그런데 과연 지금 자신이 속한 조직과 자신이 보내는 하루의 소중함을 모르는 사람이 엄청난 꿈을 이룰 수 있을까?

20대 초반, 치열하게 글을 쓰며 가난을 견디던 시절, 친구들은 모두 대기업에 취직하거나 잘나가는 사업가가 되었지만, 나는 내게 주어진 환경에 조금도 불만을 가지지 않았다. 언제나 오늘 하루 최고의 글을 쓰겠다고 생각했기 때문이다.

'나는 좋은 미래에 집중하지 않았고,
내가 이겨 내야 할 오늘에 집중했다.'

그 시절 나는 책을 내기 위해 매일 수많은 출판사에 글을 투고했다. 하지만 돌아오는 건 '이런 원고는 책으로 내기 곤란하다'는 냉정한 답이었다. 수백 통의 투고 메일을 보냈던 그 시절, 만약 내가 풍족한 내일만 꿈꿨다면 아마 나는 지금까지 글을 쓰지 못했을 것이고, 34권의 책을 낸 작가가 될 수 없었을 것이다.

나는 힘들 때마다 미래가 아닌 오늘에 집중했다.
오로지 지금 이 순간을 불태웠다. 가난하고 힘들었지만 늘 같은 하루를 반복했다. 매일 아침에 일어나 어제처럼 글을 썼고, 내일도 오늘처럼 글을 쓰리라 다짐했다.
'결국 나는 나의 오늘을 인정했기에
내가 원하는 내일을 맞이할 수 있었다.'

물론 사는 게 너무나 힘들다는 사실을 알고 있다. 하지만 나는 그대가 그대에게 주어진 오늘을 두려워하지 않기를 바란다. 우리가 믿을 건 오로지 오늘뿐이기 때문이다.

우리는 살면서 예측하지 못한 상황을 자주 맞이한다. 두려움 때문에 무언가를 시작하지 않고 너무 오래 기다리기 때문이다. 변하지 않는 진리는 오직 내가 도전하는 것만이 예측 가능하다는 사실이다.
'당신의 오늘을 믿는 순간,
내일을 제어할 수 있는 힘이 생긴다.'

세상에는 잠깐 반짝이는 사람도 있고, 평생 성장을 거듭하는 사람도 있다. 그들의 차이를 사색해 보면 아주 간단한 차이를 발견할 수 있다. 전자는 주어진 일을 마무리하면 얻게 될 경제적인 이득을 먼저 떠올리고, 후자는 그 일을 하는 순간의 행복에 집중한다. 일을 끝낸 후 통장에 찍힐 돈의 액수를 생각하는 게 아니라 자신이 보내는 치열한 하루의 깊이를 생각한다.

멈추지 않고 성장하는 사람이 되고 싶다면, 내가 할 수 있는 조언은 오직 이것 하나다.
매일 '지금 여기서 최고가 되겠다!'라는 주제로 사색하라. 지금 최선을 다하지 못하는 사람에겐 엄청난 내일이 허락되지 않기 때문이다.
나는 내일을 기다리지 않는다.
나는 내일을 믿지 않는다.
이 순간의 나를 믿는다.

우리 함께 걸어 볼까? | "넌 산책을 즐기니?"

나는 무슨 일이 있어도 매일 한 시간 이상 산책을 즐겨. 밥 먹을 시간도 없이 바쁠 땐, 차라리 식사를 거르는 한이 있어도 산책하는 시간은 양보하지 않아.

물론 이렇게 생각하는 사람도 있을 거야.
'다 먹고살자고 하는 건데 밥은 먹어야지!'

먹고살자고 하는 거라고?
미안하지만 그런 생각을 하는 사람은 평생 먹고살 걱정만 하다가 죽어.
너는 네가 죽고 난 후에 사람들이 너를 이렇게 기억하면 좋겠니?
'이 사람은 평생 먹고살 걱정을 하던 사람이었어.'
먹고살자고 하는 거로 생각하니 평생 먹고살 걱정만 하게 되는 거야.

"너는 몸에 주는 양식만 신경 쓰니? 중요한 건 네 머리에 주는 양식이야! 사람은 밥만 먹는 기계가 아니잖아."

가끔 창밖으로 지나가는 사람들을 관찰하기도 하는데, 나를 안타깝게 만드는 장면이 있어.

점심시간 직장인들의 모습인데, 그들은 늘 같은 무리를 지어 같은 코스를 걸어. 마치 경로를 설정해 둔 기계처럼 매일 같은 사람들과 같은 길을 걷는데, 가끔 그런 그들이 무섭게 느껴지기도 해. 너에게 왜 획기적인 아이디어가 안 떠오르는 줄 알아? 새로운 사람과 새로운 풍경을 만나지 않는데 어떻게 새로운 생각이 날 수 있겠니?

언제까지 한 달에 한 번 월급이라는 연료를 채워 주면 또다시 일을 시작하는 기계의 삶을 살 거니? 월급을 받는 게 나쁘다는 게 아니야. 생각을 해야지. 월급이 200만 원이면 300만 원으로 올리기 위해서 '나는 무엇을 해야 하는가?' 자신에게 질문을 해야지. 그런 질문을 하게 되면 아마 당장 점심시간에 밥 먹는 시간을 줄이고 무리에서 벗어나 새로운 길을 걸으며 산책을 하게 될 거야.

왜냐고?

'이제야 생각을 해야 할 일이 생겼으니까.'

한 번쯤은 용기를 내 봐.
무리를 벗어나서 너만의 길을 찾아봐.
그들은 결코 너를 지켜 주지 않아.
너를 지킬 수 있는 건 너 자신이야. 조금 더 자세하게 말하면, 바로 너의 생각이지.

세상에서 가장 미련한 사람이 누군지 아니?

바로 혼자서 모든 걸 하려는 사람이야.

세상의 모든 일을 내 힘으로 해결할 수는 없어.

세상의 힘을 빌려야지.

산책은 세상의 힘을 빌리려고 걷는 길이야.

너라는 금 쟁반에 놓을 금 사과를 찾는 거지.

"산책할 때 비로소 보석처럼 빛나는 너의 눈과 머리를 느낄 수 있을 거야."

가끔 보면 SNS 대화명에 이런 글을 적어 둔 사람이 있더라.

'우주의 기운이 나의 성공을 돕는다!'

그럼 좀 산책을 해 봐.

온 세상이 너를 도와주려고 하면 뭐하니. 정작 네가 받으려고 하질 않는데.

세상은 문을 열고 기다리는데 정작 너는 문을 닫고 있잖아.

"산책을 하며 생각을 발견해 봐. 네 삶을 바꿔 줄 온갖 획기적인 생각이 거리에서 너를 기다리고 있잖아! 생각은 찾는 자의 몫이야."

세상이라는 멋진 드라마를 시청하라

당신은 음식을 대할 때 어떤 생각을 하는가? 나는 '음식은 먹는 게 아니라 보는 것'이라는 조금은 특별한 마음으로 바라본다. 물론 보이는 게 중요하다는 당연한 말을 하려는 건 아니다.

나는 음식의 맛을 혀로 본다. 무언가 내 혀를 스치는 순간 나는 머릿속으로 어떤 형태를 그린다. 그리고 그것을 본다.

음악도 마찬가지다. 나는 음악을 듣는 게 아니라 본다. 멜로디와 가사를 그저 듣는 데 그치는 게 아니라, 귀를 통해 본다. 귀를 통해 멜로디와 가사가 들리면 나는 머릿속으로 그것을 그려 낸다. 그리고 본다. 멜로디와 가사를 온몸으로 받아들이며 감정 이입을 한다.

많은 사람이 드라마를 시청한다. 상상하지 못했던 장면을 보며 감동하기도, 혀를 끌끌 차며 비난하기도 한다. 하지만 생각해 보라. 드라마는 누가 만든 것인가?

나는 음식과 음악을 그리고 세상을 본다. 하지만 '세상을 본다'는 게 무엇인지 잘 모르는 사람들은 내게 이렇게 말한다.

"작가님의 삶은 너무 단조로워서 심심하실 것 같아요."

내 삶은 세상 누구의 삶보다 화려하고 흥미롭다고 단언할 수 있다. 음악 한 곡을 들을 때마다 나는 내가 쓰고 내가 주인공인 드라마 한

편을 본다. 그렇게 내 생각 안에서 누구도 창조하지 못한 세상의 가장 멋진 드라마가 펼쳐진다.

요즘 음식 프로그램이 유행이다. 많은 사람이 '먹방'이라고 부르는데, 나는 음식 프로그램에 빠져 지내는 사람들이 조금 안타깝다. 물론 세상살이에 지쳐 맛있는 음식에 위안을 받고 싶은 마음은 알지만, 정말 중요한 건 '먹방'이 아닌 '생각방'이라고 생각하기 때문이다. 지금 세상은 당신을 위해 365일 24시간 내내 '생각방'을 운영 중이다. 당신만 허락하면 세상이라는 멋진 드라마를 시청할 수 있다.

이젠 나를 망치는 TV를 끄고, 나를 살리는 세상을 켜기를, 그리고 그대 삶의 주인공으로 살기를 바란다.

나만을 위해 준비된 유일한 길을 찾는 법

많은 사람이 이런 삶을 꿈꾼다.
'내일을 걱정하지 않는 삶'
'스스로 제어할 수 있는 삶'

하지만 많은 사람이 원하는 삶을 살지 못한다. 하고 싶은 걸 하고 싶을 때 하지 못하고, 하기 싫은 일을 강요받는다. 나는 성장하는 사람의 특징이 바로 '하고 싶은 일을 하고 싶을 때 할 수 있는 삶을 사는 것'이라고 생각한다. 하지만 수많은 사람이 이 짧은 문장의 삶을 살지 못해 성장하지 못한다.

성장하는 사람들은 남을 배려하고, 돕고, 사랑한다. 그들이 그런 삶을 살 수 있는 이유는 착한 심성을 타고났기 때문이 아니라 다른 길을 걷는 사람이기 때문이다. 만약 당신이 성장하는 삶을 살고 싶다면, 나는 지금 정말 중요한 이야기를 하는 중이니 조금 더 집중해 주길 바란다.

하루는 집을 나와 지하철을 타기 위해 걸었다. 지하철을 타기 위해 걷는 10분 동안 나는 좁은 골목길을 세 번 지나야 했고, 거기서 세 명의 사람을 만났다. 워낙 좁은 길이니 나는 세 번 모두 최대한 상대가 먼저 지나갈 수 있도록 양보했다. 그런데 놀랍게도 내가 양보하고 먼저 보낸 세 명을 모두 지하철역에서 만나게 되었다. 물론 그들은 나보다 몇 걸음 앞서 있었다. 이렇게 그들이 그 몇 걸음을 앞서 나가고 싶어 하는 이유는 뭘까?
'같은 길에서 경쟁하기 때문이다.'

우리가 서로 미워하고 시기하는 이유도 같은 길에서 경쟁하기 때문이다. 운전할 때를 떠올려 보라. 옆에서 아무리 방향 지시등을 켜도 양보하고 싶은 생각이 들지 않는 이유는 같은 방향을 향해 달리기 때문이다. 내 뒤에 선다면 양보하겠지만, 내 앞에서 달리게 할 수는 없기 때문이다. 우리가 무언가를 생각하고 말할 때 타인을 지나치게 신경 쓰고, 큰 차와 큰 집 그리고 유명 브랜드 옷을 따지는 이유도 모두 같은 길에서 경쟁하고 있기 때문이다. 함께 달리고 있는 그 길에서 조금이라도 돋보이기 위해서다.

인생이라는 도로 위에서도 마찬가지다. 우리는 경쟁하기 때문에 상대를 미워하게 된다. 미워지니 소통이 되지 않는다. 그리고 꽉 막힌 고속도로처럼 발전이 정체된다. 한국이 중진국 수준에서 벗어나지 못하는 이유도 여기에 있다.

하지만 나만을 위해 준비된 유일한 길을 걷는 사람은 전혀 다른 삶을 산다. 그들은 타인과 세상에 그다지 신경을 쓰지 않는다. 간혹 교차로에서 마주치기도 하지만 최대한 양보하고 배려한다. 어차피 다른 길을 향해 걷기 때문이다.

대체 어떻게 하면 그런 삶을 살 수 있을까?

이 짧은 공간에 모든 방법을 적을 수는 없으니 기본이 되는 방법을 하나 소개한다.

먼저 매일 자신에게 질문하라. 방법은 간단하다. 만약 당신이 작가라면, "어떻게 하면 나만의 글을 쓸 수 있을까?"라는 질문을 매일 던지는 것이다. '뭐야, 별거 아니네!'라고 생각할 수도 있다. 중요한 건 그 다음이다. 위의 질문을 하루 네 시간씩 해야 한다. 이게 바로 하루 네 시간 사색의 시작이다. 물론 하루에 네 시간을 낼 수 없는 사람도 있을 것이다. 해결 방법은 간단하다. 어떻게든 시간을 만들어 내라. 일곱 시간을 자고 있다면 잠을 세 시간으로 줄이고 네 시간을 사색하라. 평생 같은 길에서 경쟁하며 시기하고 분노로 가득한 삶을 살고 싶지 않다면 지금 네 시간을 투자해 자신의 삶에 써라.

내가 이렇게까지 강요하는 이유는 네 시간 사색이 정말 중요하기 때문이다. 살다 보면 최고의 요리를 접할 때가 있다. 그 순간을 기억하는가? 최고의 장인이 신선한 음식 재료로 만든 요리를 접하고 나면 솔직히 한동안 다른 음식은 입에 잘 맞지 않는다. 혀는 굉장히 까다롭고 예민하기 때문에 최고의 맛을 보게 되면 그 수준이 엄청나게 높아진다. 하지만 알고 있는가? 혀보다 민감하고 예민한 게 바로 사색이다. 내가 여기서 말하고 싶은 건, 맛의 수준만 끌어올리지 말고 사색의 수준도 끌어올리라는 것이다. 하루 네 시간 사색은 당신이 앞으로 살아갈 삶의 수준을 극적으로 바꿔 줄 것이다.

물론 쉬운 일은 아니다.
하지만 내가 나만의 길을 찾아야 하는 이유는 극명하다.
'오직 나만이 나를 제어할 수 있는 나다운 삶을 살기 위해.'

05 열정

세상의 눈빛을 피하지 않겠다는
강렬한 의지

**당신의 열정을
뜨겁게 하는 방법** │ 난 지금까지 34권의 책을 냈다. 하지만 단 한 번도 그 과정이 쉬웠던 적은 없다. 글을 쓰기 어려웠던 것은 물론이고 출판하는 과정도 수월하지 않았다. 내가 확신을 하고 느낌표를 찍었던 원고에 출판사가 물음표를 찍어 버리는 경우도 많았다. 제법 많은 독자의 사랑을 받고 있는, 내 서른 번째 책 《삼성의 임원은 어떻게 일하는가》도 마찬가지였다.

이 책 역시 몇 군데 출판사에서 난색을 보였다. 《삼성의 임원은 어떻게 일하는가》는 내가 구상한 네 권의 사색 시리즈 중 첫 책으로, 내가 무려 2년을 투자한 원고였지만 출판사는 모두 이런 반응이었다.

"세상에 요즘 누가 사색에 대한 책을 읽나요? 살기도 어려운데. 게다가 사색에 대한 책은 한 번도 나온 적이 없어요!"

하지만 나는 그들이 내 원고를 거절할 때마다, '역시 사색에 대한 책은 별로인가?'라는 생각보다는 '사색에 대한 책이 아직 나온 적이 없다니! 좋은 기회다. 감사하다!'라는 생각으로 오히려 출판사에 감사의 마음을 갖고 원고에 대한 열정을 더 뜨겁게 불태웠다.

자신이 엄청나게 노력한 결과물을 타인이 인정하지 않으면 슬픔에 빠져 화를 내는 사람도 있지만, 오히려 기뻐하며 감사의 의미로 받아들이는 사람도 있다. 하지만 중요한 건 아무리 화를 내도 상황은 달라지지 않는다는 사실이다. 당신이 바꿀 수 있는 건 오직 당신의 마음뿐이다.

독자에게 가장 자주 듣는 말 중 하나가 바로 이것이다.
"작가님, 제 잃어버린 열정 좀 찾아 주세요."
나는 이렇게 응수한다.
"그 열정, 잃어버린 게 누군가요?"

답은 당신에게 있다.
당신에게 일어나는 사건과 상황에 당신이 어떤 의미를 부여하느냐에 따라 당신의 감정과 행동이 달라질 수 있다. 직장에서 혹은 가정에서 누군가에게 혼났을 때 당신이 분노의 감정을 꺼내 들었다면, 당신은 스스로 자신의 열정을 잃겠다는 걸 선택한 것이나 마찬가지다. 마침 사는 게 힘들었는데 핑계 삼아 열정을 사라지게 하고 편안한 삶을 선택한 것이다.

누구나 분노를 느낀다. 문제는 어떻게 그것을 다루느냐. 요리도 마찬가지다. 같은 재료지만 누가 요리하느냐에 따라 전혀 수준이 다른 음식이 탄생한다. 셰프가 재료를 제어하듯 당신이 자신의 감정을 제어한다면 지금과는 다른 수준의 삶을 살 수 있을 것이다.

누군가 당신의 일을 무시하며, "요즘 누가 그런 일을 하나?"라고 혹평하면 오히려 감사하며 이렇게 받아들여라.

"아, 아무도 이 일을 하지 않는구나. 당연하지, 이 일은 아무나 할 수 있는 일이 아니니까!"

가장 중요한 건 바로 '나'다. 모든 책임을 자신에게 돌려라. 당신이 삶의 주인공이니까 책임도 당신이 지는 것이다. 엑스트라에게 당신의 소중한 배역을 맡기지 마라. 그게 지금 당신이 갖고 있는 열정을 잃어버리지 않는 최고의 방법이다.

당신의 인생이니까.
절대, 한순간도
당신이 주인공임을 잊지 않기를.

정성이 만든 놀라운 기적

최근 한 치킨 업체의 대표를 만났습니다. 그는 자신이 모시는 회장의 삶과 일을 대하는 태도를 존경한다며, 20여 년 전 회장이 어떤 상황에서 사업을 시작했는지 말해 줬습니다.

"철물, 판촉물, 중동 건설 현장 노무자, 과일 행상, 택시 기사 등 고된 일을 다 하셨습니다. 그땐 참 힘드셨다고 하네요. 마지막으로 택시 운전을 3년 8개월 하셨는데, 건강이 좋지 않아 앉아서 장사를 하고 싶어서 어렵게 모은 3500만 원으로 통닭집을 차리셨죠."

그는 구미의 공단 지역에 보증금 1000만 원에 월세 40만 원짜리 가게를 얻어 치킨집을 열었다. 가게 문을 열었지만 문을 열고 들어오는 손님이 거의 없었다. 처음 2년은 하루 한두 마리만 파는 날이 많을 정도로 고생했다.

하루 매출 만 원 안팎으로 살아야 했기 때문에 임대료는커녕 한 달에 5만 원 정도인 전기 요금도 감당하기 어려웠다. 하지만 그는 자신의 꿈과 삶을 포기하지 않았다.

매일 주문 전화만 기다리던 그는 고민에 빠졌다.
'어떻게 내가 만든 맛있는 치킨을 세상에 알릴 수 있을까?'
그는 주문 전화만 기다릴 게 아니라 스스로 내 가게를 알리자고 결심하게 되었다. 그리고 가게 이름이라도 알리자는 뜻에서 114에 자신이 운영하는 치킨집 전화번호를 묻는 문의 전화를 매일 20~30통씩 했다. 전화 안내원들도 처음 들어 보는 치킨집이지만 문의 전화가 자꾸 오니까 관심을 갖게 되었다.

노력의 작은 결실이 나타났다.
114 안내원들이 치킨 두 마리를 시킨 것이다. 그런데 그날은 가만히

서 있어도 땀이 흐를 정도로 더위가 기승을 부리던 날이었다. 하지만 그는 주방에 들어가 정성을 다해 치킨을 만들었다. 그리고 치킨이 식지 않도록 배달 차량의 에어컨도 켜지 않은 채 배달했다. 땀이 비 오듯 했지만 자신이 만든 치킨을 맛있게 즐길 손님의 모습을 떠올리면서 견딜 수 있었다. 그의 정성이 114 안내원들에게 전해졌는지, 네 사람이 퇴근하면서 가게에 들러 한 마리씩 사 갔다.

그 후 치킨이 맛있다고 슬슬 소문이 나고 주문도 늘어나기 시작했다.

그러던 어느 날 그는 자신의 삶을 바꿀 결정적인 순간을 맞이하게 되었다.

저녁 무렵 젊은 남녀가 치킨을 먹고 있었는데, 갑자기 열 명의 직장인이 회식을 한다며 들이닥쳤다. 하지만 치킨집은 이미 젊은 남녀가 4인용 탁자 하나를 차지하고 있었기 때문에 좌석이 모자랐다. 그는 잠시 망설이다 손님 열 명을 돌려보내고 젊은 남녀에게 다가가 웃으며 이렇게 말했다.

"조금도 불편해하지 마시고 천천히 드세요."

곧 기적이 그를 찾아왔다.

그에게 감명을 받은 남자가 명함을 주고 갔는데, 그는 구미에 있는 큰 공장의 노조 대표였다. 이후 그 회사 야근 때 간식은 무조건 그 집 치킨이 되었고, 다른 회사 노조에도 소개해 주어 더욱 바빠졌다. 그러면서 2년여에 걸쳐 개발한 간장마늘 소스와 날개 메뉴가 더해지면서 대박의 길로 들어섰다.

그 정성으로 만든 치킨이 바로 국내 최고로 성장한 프랜차이즈 치킨 업체인 교촌치킨이다. 내가 만난 교촌치킨의 대표 역시 치킨을 대하는 회장의 정성을 그대로 이어받아 정성을 다해 소비자를 만나고 자기 일을 사랑하는 마음을 갖고 있었다.

물론 교촌치킨이라고 다 좋은 것만은 아닐 것이다. 하지만 내가 말하고 싶은 건, 프랜차이즈 업체로서의 교촌이 아니라 자기 일을 정말 사랑하고 정성을 담을 줄 아는 마음을 가진 사람으로서의 교촌이다.
돈이 아니라 정성을 보라.
그럼 전혀 다른 게 보일 것이다.
더운 여름날, 에어컨을 켜면 자신이 만든 치킨이 식을까 봐 걱정하는 그 마음. 단체 손님이 왔지만 먼저 자리를 잡고 치킨을 맛있게 즐기는 손님도 소중하기 때문에 과감하게 이익을 버릴 수 있는 그 마음이 보일 것이다.
손님을 대하는 그 정성과 마음이 이토록 뜨거운데, 그 뜨거움을 어찌 손님이 모를 수 있을까?

명품은 비싼 재료로 만든 제품이 아니라

뜨거운 정성으로 만든 제품이다.
우리는 어디서 무슨 일을 하든
우리가 만든 제품을 명품으로 만들 수 있다.

나는 소망한다.
정성이 만든 그 놀라운 기적을
당신의 삶에서도 경험하게 되기를.
그게 바로 지금 이 순간이기를.

나는 세상의 모든 불가능을 사랑한다

"왜 그렇게 불가능해 보이는 일만 하시는 건가요?"

내가 자주 받는 질문 중 하나다. 이 질문을 받을 때마다 나는 늘 이렇게 대답한다.

"반대로 생각해 보죠. 누구나 할 수 있는 일을 굳이 나까지 해야 할 필요가 있을까요?"

내겐 두 가지 능력이 있다.

어떤 일을 하든 시간에 쫓기지 않고, 환경에 지배당하지 않는 능력이다. 물론 수많은 변수가 있다. 하지만 나는 변수를 만날 때마다 이런 질문을 던진다.

"해결 방법은 무엇인가?"

해결 방법보다는 문제에 집착해서 가지고 있는 일을 덜어 버리는 쉬운 방식을 택하는 게 아니라, 끝까지 일을 가지고 가면서 모든 걸 해결할 방법을 생각해 내고야 만다.

어떻게든 완벽하게 일 처리를 하는 사람들의 공통점은 약속 시각 엄수에 있다.

보통 사람들은 약속 시각을 정하고, 약속 하루 전에 문자나 전화로 상대에게 약속 시각을 상기시킨다. 하지만 나를 몇 번 만난 사람들은 결코 내게 약속 시각을 두 번 묻지 않는다. 무슨 일이 있어도 절대 약속을 변경하거나 늦지 않을 거란 완벽한 믿음을 갖고 있기 때문이다.

나는 함께 일하는 사람을 선택할 때 약속 시각을 얼마나 잘 지키는지를 최고의 판단 기준으로 활용한다. 출근 시간을 8시로 하든 10시로 하든 10분 늦는 직원은 언제나 늦는다. 물론 그들에게도 이유가 있을 것이다. 하지만 내가 그들과 다른 점은 딱 하나다. 나는 누가 봐도 불가능한 목표를 세우지만 어떤 일이 있어도 현실과 타협하지 않는다. 반대로 약속 시각을 잘 못 지키는 이들은 온갖 변수와 타협한다.

- 지하철이 평소보다 10분 늦었으니까 봐주겠지?
- 갑자기 중요한 일이 생겼으니 10분 정도 늦어도 이해해 주겠지?
- 인생 그렇게 서둘러 살 필요 있나. 기껏해야 10분인데 천천히 가지 뭐.

"시기를 가리지 않고 성장하는 사람들은 '불가능한 세계'에 대해 굉장히 적극적이다. 그들은 무엇이든 할 수 있다고 강력하게 믿고 있다."

그들은 이 세상에서 가장 강력한 힘을 가지고 있는데,
그건
풍족한 환경도,
뛰어난 재능도,
엄청난 인맥도 아닌,
하지 않으면 안 되는 상황이다.
나는 수많은 성공자를 만나 봤는데,
그들은 모두 반드시 해야 하는 상황을 만들어 내는 것이 자신의 성공 원동력이라고 말했다.
생각할 수 있다면 누구나 가능하다.
반드시 해야만 한다고 생각하면,
그대가 하고 있는 그 일에 목숨을 걸면,
불가능해 보였던 목표에 조금씩 다가가는 게 느껴지기 시작할 것이다.

나는 매일 늘 같은 마음으로 다짐한다.
새벽부터 일어나 오늘 반드시 해야 할 일을 정해 두고
반드시 그 이상을 해내고야 만다.

죽기 살기로 자신의 목표 이상을 해야 한다고 생각하기 때문에 가능한 일이다.

물론 세상에는 정말 죽기 살기로 자신의 일을 해내는 사람도 있지만, 죽기 살기로 핑계만 대는 사람도 있다.

나는 자기 계발 책을 쓰는 작가이지만 누군가의 열정을 0에서 1로 만들 수는 없다. 0은 어떤 수를 곱해도 0이기 때문이다. 하지만 능력이 1인 사람을 100으로 만들 수 있는 힘은 있다. 열정이란 원래 그런 거다. 문제는 그걸 발전시키느냐 그대로 안주하느냐의 차이다. 열정만 뜨겁다면 가능하다. 무슨 일이든 자신의 열정만 믿으면 가능하다.

지금 자신이 품은 그 뜨거운 열기를 그대로 안고 불가능에 도전하자.

누가 봐도 가능한 일을 시작하는 건 도전이 아니다.

예측 가능한 일만 하는 사람은 누가 봐도 예측 가능한 삶을 살게 될 것이다.

아무도 나의 내일을 예상조차 할 수 없을 정도로 엄청난 불가능에 도전하자.

바로 오늘이 그대의 열정 에너지의 시동이 걸리는 첫날이길 소망한다.

내가 가진 열정은 진짜 열정인가

산악인 엄홍길 대장과 인터뷰를 한 적이 있다.

그에게 궁금했던 건 딱 하나였다.

"어떻게 그 험한 산을 오를 수 있었나요? 생사를 오가는 그 길을 어떻게 갈 수 있었나요?"

그의 대답은 간단했다.

"저는 운동할 때 팔굽혀펴기를 50개 하자고 목표를 세우고 51개 이상을 합니다. 오늘 51개를 했다면 내일은 52개를 하는 식이죠. 세상이 주는 고통을 이기는 방법은 간단해요. 늘 한 걸음만 더 앞으로 가는 거죠."

산악인으로서 그의 엄청난 기록은 결국 step by step, '한 걸음 더' 정신에 있었다.

사실 50개라는 목표를 세우고 50개만 하는 사람도 있고, 45개만 하고 "이 정도만 해도 운동 안 하는 사람보다는 나은 거잖아."라며 스스로 위안하면서 멈추는 사람도 많다.

하지만 나는 세상을 바꾸는 건 거기서 멈추지 않는 사람들의 몫이라는 사실을 알고 있다. 51개를, 52개를, 심지어 불가능할 것 같았던 100개를 해내는 사람이 세상을 바꾸는 것이다.

사람들은 멋진 기록을 세운 엄홍길만을 본다.
하지만 중요한 건 그게 아니다. 전쟁과도 같은 하루를 반복한 그의 열정을 보아야 한다. 사람들은 그가 수많은 높은 산과 싸운다고 생각하지만, 결국 그는 그 자신의 싸운 것이다.
"열정은 사라지지 않고 쌓인다.
그의 키는 167센티미터밖에 되지 않지만,
수십 년 쌓아 온 그의 열정의 키는
히말라야 정상보다 높다."

간혹 열정을 가진 척하며 살아가는 사람을 만나게 된다.
더 먹고 싶은, 더 자고 싶은, 더 놀고 싶은 자기 욕구와의 싸움에서 매번 무참히 지면서 "나는 열정을 가졌어."라고 말한다. 그리고 "작가님, 제 넘치는 열정을 좀 작동시켜 주세요."라고 말한다.
미안하지만 나는 그들을 절대 변화시킬 수 없다.
'자는 사람은 깨울 수 있지만,
자는 척하는 사람은 절대 깨울 수 없기 때문이다.'

열정이 없는 사람보다 위험한 사람은
열정을 가진 척 행동하는 사람이다.
그들은 도저히 변화시킬 수 없기 때문이다.
내 하루를 통제하라.

열정을 가지기 전에 먼저 내 삶을 통제해야 한다.
열정이란 나 자신을 이긴 자만이 가질 수 있는 특권이기에.

그의 삶은 말한다.
"나의 순간을 일으킬 수 있어야
내 삶을 일으킬 수 있다."

목표를 이루게 하는 힘은 어디서 오는가

베스트셀러를 만들어 내는 가장 간단하면서도 효과적인 방법 중 하나는, '30일, 5킬로그램 다이어트 성공을 위한 다섯 가지 방법!', '하루 30분 공부로 명문대 합격하는 일곱 가지 방법!', '3년 벌어 30년 든든한 노후를 만드는 열 가지 방법!'처럼 실천 사항을 잘게 나눠 되도록 자세하게 풀어 주는 것이다. 참, '기적'이라는 양념도 살짝 넣어 주면 아주 좋다. 이런 방식으로 쓴 책이 베스트셀러가 되는 이유는, 대다수가 책이 전하는 방법을 삶에서 실천하지는 않지만, 명료하게 정리한 실천 사항을 읽어야 뭔가를 얻었다고 생각하기 때문이다.

하지만 단순하게 읽기만 해서는 삶이 변하지 않는다. 아인슈타인도 "어제와 똑같이 살면서 다른 내일을 기대하는 것은 정신병 초기 중세"라고 말했다.

한 분야에서 일가를 이룬 사람들의 공통점은 '남들이 기적이나 운이라 부르는 그것을 자신의 힘으로 제어하며 살았다는 것'이다.

일본을 대표하는 '괴물 투수' 오타니 쇼헤이는 이제 겨우 스물두 살이지만, 고등학교 시절부터 매년 '작년의 나를 초월하겠다'는 큰 계획을 세웠고, 거기에 맞는 구체적인 세부 계획을 짜고 철저하게 지켜 왔다. 인터넷에서 그의 계획표를 찾아보면 '운을 얻기 위한 노력'이 그가 세운 계획표의 핵심이라는 것을 알 수 있다. 그는 실제로 자신의 '재능'과 '운'을 스스로 제어하는 삶을 살고 있다.

그의 투구에서 가장 인상적인 부분은 최고 시속 162킬로미터의 강속구다. 하지만 그는 현재 자신의 한계를 초월한 시속 170킬로미터의 공을 던지겠다는 목표를 세웠다.

반면에 나의 실패와 타인의 성공을 남 탓으로만 돌리는 사람은 그가 처음 시속 150킬로미터로 던졌을 때도, 160킬로미터로 던지는 지금도, 언젠가 170킬로미터로 던지는 날이 와도 "모든 건 타고난 재능 덕분이지!"라고 말할 것이다.

물론 재능도 필요하다.

하지만 시속 150킬로미터에 만족하지 않고 자신을 초월하겠다는 그 의지가 없었다면 160킬로미터를 정복하지 못했을 것이고, 시속 170킬로미터라는 목표를 세우지도 못했을 것이다. 모든 기적은 내가 보낸 어제 하루의 노력을 믿는 마음에서 나온다. 그 마음에 세상이 감동할 때 기적이라는 선물을 움켜쥘 수 있다.

　이렇게 말하면 간혹 "너무 긍정적이네요."라고 답하는 사람이 있다. 그럼 나는 "세상을 부정적으로 살아야 할까요?"라고 응수한다. 불가능한 목표도 일단 긍정의 마음으로 다가가야 1퍼센트의 가능성이라도 생긴다. 하지만 부정의 마음은 99퍼센트의 가능성도 불가능하게 만들어 버린다. 결국 긍정이란, 목표를 세우고 그걸 반드시 이뤄 내겠다는 의미가 담긴 치열한 동사다.

　우리는 누구나 지금보다 나은 나를 만들 수 있다. 방해자는 '할 수 없을 거'라고 말하는 나 자신뿐'이다. 자신을 믿는 뜨거운 마음으로 '할 수 있다'고 외치고, 그대로 실천하면 된다.
　"하면 된다. 나는 된다!"

06 가치

세상이 정한 가치를
거부하라

평생 성장하는 아름다운 삶을 살기 위해

여기 인간으로서 상상도 할 수 없는 엄청난 고통을 안고 살아간 사람이 있다.

- 무려 25년 동안이나 발열과 복통이 동반된 만성 설사에 시달렸다.
- 정기적으로 코피와 심각한 토혈을 했다.
- 류머티즘과 통풍으로 인한 고통을 호소했다.
- 간장 부위의 통증, 다리에 부종이 있고 복수가 찼다.

한마디로 모든 장기가 정상이 아니었다.

그의 이름은 바로 우리가 익히 알고 있는 베토벤이다. 그는 음악가에게는 사형 선고와 다름없는, 청각 장애인이 될 거라는 이야기를 들었을 때 스스로 이렇게 다짐했다.

"음악을 위해 살아야겠다."

베토벤은 사형 선고를 받고도 이토록 삶에 당당했다. 물론 그는 수없이 방황했다. 하지만 알고 있는가? 우리가 자신의 삶에서 끝없이 방황하고 길을 잃는 이유는 우리에게 생각만 해도 가슴 시린 꿈이 있기 때문이다. 꿈이 없는 사람은 잃을 길조차 없다. 지금 방황하고 있다면 잘하고 있는 것이다.

베토벤은 초등학교 저학년 때 중퇴했지만 엄청난 독서가였고, 무엇보다 위대한 사색가였다. 사색가는 사색하지 않는 사람과는 전혀 다른 삶을 살게 된다. 우리가 알고 있는 수많은 음악가는 보통 귀족에게 잘 보이기 위해 애썼지만 베토벤은 달랐다. 베토벤은 절대 귀족의 여흥과 사교에 쓰이는 음악을 만들지 않았고, 그들만을 위한 연주도 거부했다. 물론 그로 인해 잠시 삶이 힘들었지만, 그는 대중의 가슴에 평생 남을 최고의 음악을 만들어 낼 수 있었다. 이렇게 사색가는 평생 성장하는 삶을 살아간다.

베토벤이 가진 사색가의 풍모를 세상에 알리는 데 큰 역할을 했던, 오랜 시간 그를 지켜본 비서이자 전기 작가인 신들러는 베토벤에 대한 꽤 흥미로운 의견을 제시했다.

"청력을 잃은 다음에도 베토벤의 작곡 능력은 전혀 떨어지지 않았고, 심지어는 더 향상된 것처럼 보이기도 했다. 소리가 들리지 않는 세상에서 베토벤은 방해하는 외부 환경의 소리 없이 물질세계의 경직성에 영향을 받지 않고, 마치 몽상가처럼 자신이 바라는 대로 자유롭게 현실을 결합하고 재결합해, 이전에는 꿈도 꾸지 못했던 형태와 구조를 만드는 새로운 시도를 해 볼 수 있었다."

놀랍게도 베토벤의 작곡 능력은 청력을 잃은 후 더욱 향상되었다.
당신은 이 사실에 대해 어떻게 생각하는가?
신들러는 베토벤이 청력을 잃은 후 작곡 능력이 향상된 이유가 고독을 통한 사색의 힘에 있었다고 분석했다. 놀랍게도 그는 철저한 고독 안에서 세상의 어떤 정보에도 영향을 받지 않았으며, 자유롭게 현실을 결합하고 그것을 마치 몽상가처럼 허공에 그려 나갔다.

그런데 내가 베토벤을 연구하며 더욱 놀랐던 건, 내가 《사색이 자본이다》를 통해 강조한, 사색가가 되기 위한 방법 4단계를 그가 대부분 실천하며 살았다는 사실이다. 이는 베토벤에게서만 발견할 수 있는 것이 아니다. 많은 위대한 사색가는 일정한 단계를 거쳐 사색을 실천하고 단련해 나갔다.

그처럼 위대한 사색가가 되려면 그가 스물한 살 때 스스로 다짐했던 이 말을 평생 기억하고 살아야 한다.

"나의 예술은 가난한 사람들의 행복에 이바지해야 한다."

그는 살아가는 동안 이 다짐을 잊지 않고 지켰다. 그리하여 세상에서 가장 위대한 음악가로 평생 성장하는 삶을 살 수 있었고, 많은 사람의 사랑을 받을 수 있었다.

죽음조차 아름다웠다.

1827년 빈에서 일어난 가장 큰 사건 중 하나는 베토벤의 죽음이었다. 당시 오스트리아 빈의 인구가 29만 명이었는데, 놀랍게도 그의 장례식에 인구의 15분의 1이 넘는 2만 명의 인파가 모여 애도한 사실만 봐도 그가 얼마나 존경 받는 사람이었는지 알 수 있다.

베토벤처럼 평생 성장하며 대중에게 아름다운 영향을 주는 사색가가 되고 싶다면, 자신이 정한 길을 걷기 위해 죽는 날까지 투쟁하라. 권력자가 시키는 말을 듣지 말고, 오직 자신이 정한 길 위에서 마음이 시키는 명령에 귀를 기울여라. 사색가의 시작은 바로 거기에 있다.

세상에 오직 나만 할 수 있는 일

최근, 태어나 처음으로 죽음의 공포를 느꼈습니다. 처음엔 삶에 대한 강렬한 욕구가 느껴지더군요. 그런데 놀랍게도 삶에 대한 욕구가 조금씩 사라지면서 이런 걱정이 가슴속에서 솟아올랐습니다.

'어쩌지, 반드시 내가 써야 할 책이 아직 두 권이나 남아 있는데. 살아서 그걸 다 써야 하는데.'

죽음보다 내가 써야 할 책이 남아 있다는 사실이 더욱 안타까웠고, 절실한 삶의 이유로 느껴졌습니다.

대문호 괴테는 여든이 넘어서 매일 피를 토하는 큰 병에 걸렸죠. 모든 사람이 죽음을 준비해야 한다고 말할 정도로 위독했습니다. 하지만 당시 대작 〈파우스트〉를 마무리하고 있던 그는 이렇게 외쳤습니다.

"세상에서 나만 할 수 있는 어떤 일이 아직 남아 있다면 이렇게 외칠 수 있어야 한다. 죽음아, 물러가라!"

그는 결국 병을 이겨 내 무사히 〈파우스트〉라는 대작을 마무리할 수 있었죠.

저는 그 절실하고 위대한 괴테의 마음을, 괴테에 대한 책을 써야겠다고 다짐한 지 8년이 지난 지금에야 이해할 수 있었습니다. 제가 많이 부족했기 때문이겠죠. 하지만 저는 제 무능을 탓하거나 부끄러워하진 않으려 합니다. 세상에 태어나 오직 나만이 할 수 있는 일이 하나 있다는 건 무엇과도 바꿀 수 없는 행복이니까요. 참 이상하죠? 죽음의 공포보다 내가 해야 할 일을 하지 못하는 것에 대한 두려움이 더욱 커질수록 저는 행복해졌습니다.

그대에게도 나만 할 수 있는,
아니 내가 반드시 해야 할 일이 있나요?
그렇다면
지금은 많이 힘들고 아파도
그대가 가진 가능성을 믿으세요.
내가 사는 곳은 내가 정할 수 없지만,
내 가치는 내가 정하는 거니까요.

'내가 사는 세상은 내가 꿈꾸는 대로 만들 수 있습니다.'

**나는 내 삶을
창조할 수 있다** | 1952년, 한 의사가 노벨 평화상을 받기 위해 열차를 타고 유럽으로 향했다. 소식을 들은 기자들이 그를 취재하기 위해 열차에 탔다. 그는 세 개의 학위를 가지고 있었고, 명예박사 학위는 무려 스무 개가 넘었다. 게다가 영국 황실로부터 백작 칭호까지 받은 귀족이었다.

열차를 탄 기자들은 먼저 특등실에서 그를 찾았다. 하지만 특등실에도 일등실, 이등실에도 그는 없었다. 기자들은 의심하기 시작했다.
'다른 기차를 탄 걸까?'
그들은 거의 체념한 듯이 삼등실에 들어섰다. 삼등실의 풍경은 초라했다. 가난한 사람들이 피곤에 젖은 표정으로 나무 의자에 앉아 있었다. 그런데 놀랍게도 그들이 그렇게 찾아 헤맸던 노벨상 수상자가 거기에 있었다. 그는 더럽고 초라한 삼등실에서 가난한 사람들을 진료 중이었다.

놀란 기자들이 그에게 달려가 물었다.
"선생님은 왜 삼등실에 타셨습니까?"

그러자 그는 이렇게 답했다.
"사등실이 없어서요."

그에게는 절대 바꾸지 않는 원칙이 하나 있었다. 그 원칙은 그가 자기만의 삶을 살 수 있도록 만들었다.

"나는 나를 필요로 하는 곳을 찾아다니며 살아갈 것이다."

그가 삼등실에 탄 이유는, 너무나 가난해서 의료의 혜택을 받지 못하는 사람들이 모두 삼등실에 모여 있었기 때문이다. 그가 오직 자기만을 생각했다면 특등실에서 편안하게 여행을 즐겼겠지만, 그는 자신을 필요로 하는 사람 곁에 머물겠다는 확고한 의지가 있었기 때문에 자신의 편리가 아닌 타인에 대한 사랑을 선택했다.

그의 이름은 바로 슈바이처.
그는 가난한 사람들을 위해 수많은 일을 했다. 하지만 그가 이룬 수많은 업적을 외우는 건 그다지 중요하지 않다. 중요한 건 그가 자신의 삶을 스스로 창조한 사람이었다는 사실이다.

무언가를 이루기 위한 노력도 중요하지만, 더 중요한 건 그 노력을 가능하게 한 마인드다. 각종 분야에서 자신의 삶을 창조한 수많은 사람의 공통점은 이 한 문장을 가슴에 담고 살았다는 것이다.

"힘들지만 물러서지 않는다. 바로 여기서 승부를 보겠다."

슈바이처도 마찬가지였다. 나보다 남을 위한 삶을 사는 건 쉬운 일이 아니다. 삼등실을 타고 불편하게 멀리 가는 것도 고단한 일이다. 하지만 그는 지금 여기서 물러서지 않겠다는 마음가짐으로 자신의 원칙을 지켜 나갔다.

그리고 또 하나, 끝까지 멈추지 않아야 한다.

많은 사람은 약간의 노력으로 엄청난 성과를 올리려고 한다. 삶은 복권이 아니다. 한정된 원두로 조금 더 많은 커피를 마시고 싶다면 방법은 두 가지다. 물을 더 넣어서 양을 늘리는 방법과, 원두를 재배해 커피 원액의 양을 늘리는 방법이 그것이다. 물론 원두를 재배하는 건 어렵고 귀찮은 일이다. 하지만 나는 그게 바로 독자를 위한 길이라는 사실을 알고 있다.

세상에는 책 한 권 정도를 쓸 수 있는 정보와 지혜를 가지고 열 권을 쓰는 작가가 있다. 나는 그걸 '우려먹는다'고 표현한다. 어떤 직업이든 마찬가지일 것이다. 부족한 부분을 원액으로 채워야지, 물로 채우는 건 세상에 미안한 일이다. 새로운 책을 쓰기 위해 끝을 기약할 수 없는 공부를 시작하는 내 모습이 미련해 보일 수도 있지만, 나는 그게 독자를 위한 최선의 보답이자 예의라고 생각한다.

원칙을 갖고 끝까지 멈추지 않는 사람은 자신의 삶을 창조할 힘을 얻을 수 있다. 그리고 그들은 모든 분야에서 자기의 방식을 갖게 된다. 나는 요리를 할 때도 레시피를 참고하지 않는다. 레시피는 결국 그걸 만든 사람의 생각일 뿐이다. 주입식 교육을 그렇게 싫어하면서, 레시피가 없으면 요리를 할 수 없다고 생각하는 사람이 왜 그렇게 많은 걸까? 나는 머릿속에서 이것과 저것을 결합하고 넣고 빼고를 반복하며 나만 할 수 있는 요리를 한다. 맛을 볼 필요도 없다. 이미 머릿속에서 계산이 끝났으니까.

누군가 만든 레시피를 버리고 이제는 나만의 요리에 도전해 보라.

'우리는 감상만 하는 관객이 아니라 창조자여야 한다.
나는 세상이 시키는 길을 걷지 않는다.
나는 내 삶을 창조할 수 있다.
나는 내 길을 걷는다.'

나에게 박수를 보내는 하루

'인생'을 주제로 수없이 사색했지만,
결국 내게 돌아온 답은
'인생은 알 수 없다'는 사실이다.

무엇을 해도 잘되던 때가 있었지만,
도무지 길이 보이지 않던 시기도 겪어야 했다.
직장에서 승승장구할 때도 있었지만,
직장을 구걸할 때도 있었다.
모두가 나를 찾을 때도 있었지만,
모두가 나를 외면하는 시기도 겪어야 했다.

좋은 사람이라는 말도 들었지만,
온갖 비난에 고개를 숙여야 할 때도 있었다.

인생은 알 수 없다.
중요한 건 그때마다 나를 받아들이는 일이다.

추락하고 모두가 외면하는 내 모습을
있는 그대로 받아들여야 한다.
못난 모습도 잘난 모습도 모두 소중한 내 모습이니까.
그리고 아픈 나를 위로해 줘야 한다.

나는 하루를 마감할 때마다 속으로 이렇게 외친다.
"오늘 나는 정말 위대한 일을 했어!"
물론 내 하루에 늘 만족하는 건 아니다.
하지만 내가 나를 칭찬하지 않으면
대체 누가 나를 바라봐 주겠는가.

세상의 평가보다 중요한 건
내가 내게 박수를 받는 일이다.
세상이 나를 비난할수록
힘들지만 잘 견뎠다고 나를 칭찬하라.

나를 포근하게 안아 줘라.

'모두가 나를 외면해도
내 무대 위에서만큼은
내가 가장 빛나게 하라.'

| 무언가를 이루는 데는
많은 말이 필요치 않다 | 내가 멍하니 있으면 누군가 묻는다.
"무슨 생각을 그리 골똘히 해?"

하지만 정작 내가 생각에 빠져 있으면 누군가 묻는다.
"왜 그리 멍하니 있어?"

사람들은 내게 그렇게 큰 관심도 없고,
잘 알고 싶다는 마음도 없다.
내가 무슨 꿈을 간직하고 있든
말은 필요 없다.
스스로 앞으로 나아간다고 느끼는 것,
그 느낌만 간직하고 있으면 된다.

**손님은 왕이
아니라 동료다** | 프랑스의 지방 도시인 니스의 한 카페에서는 7유로짜리 커피를 판다.

세상에 아무리 프랑스라지만 지방 도시인데 커피 한 잔에 만 원이 넘다니!

사실 커피 값이 비싼 파리에서도 보통 커피는 3000원 정도밖에 하지 않는다.

이유가 뭘까?

이 카페에서는 손님이 커피를 주문하는 말에 따라 커피 값이 달라진다.

세 가지 종류의 커피를 팔고 있는데,

- 손님이 "Coffee!"라고 주문하면 7유로
- 손님이 "Please coffee."라고 주문하면 4.25유로
- 손님이 "Hello, please coffee."라고 주문하면 1.4유로(2000원)를 받는다.

커피는 같다.

다만 손님이 얼마나 정중하게 주문하느냐에 따라 가격이 달라지는 것이다.

왜 이런 특이한 메뉴판을 만들었냐고 묻자 사장은 이렇게 말했다.

"가끔 직원에게 함부로 대하는 손님이 있어서 이런 메뉴판을 만들게 되었습니다."

이 카페를 찾는 손님은 언제나 웃으며 최대한 정중한 말투로 친절히 커피를 주문하게 된다.

한국에서는 많은 사람이 이런 불평을 한다.
"한국은 정말 불공평한 것들 투성이야!"
"한국처럼 차별이 심한 나라가 또 있을까?"
그런데 그렇게 평등을 외치던 사람도 식당에 가면 마치 하인을 대하듯 거만한 자세와 말투로 직원을 불러 주문을 하곤 빨리빨리 달라고 재촉한다. 심지어는 계산할 때 돈을 던지기도 하고, 커피 좀 가져오라고 명령하기도 한다.
이건 좀 앞뒤가 맞지 않는 거 아닌가?

손님은 왕이 아니라 이 시대를 함께 살아가는 동료다.
하지만 사람들은 말로는 정의로운 나라, 모두가 공평하게 기회를 누릴 수 있는 사회를 만들어야 한다고 하면서도 식당에 가면 왕처럼 대접 받으려고 한다.
당신이 무엇을 원하든 세상에 말하기 전에 먼저 그것을 삶에서 실천해야 한다.

모두가 평등한 세상에서 살고 싶다고?

노력한 만큼 얻을 수 있을 세상을 만들고 싶다고?

"당신이 원하는 세상은 당신이 만드는 것이다."

당신이 원하는 세상이 있다면

누군가 나서길 바라지 말고,

지금 당신이 시작하라.

**나는 나를
혁명할 수 있다** | 1786년 독일, 새벽 3시. 한 청년이 몰래 집을 빠져나왔다. 그날은 청년의 생일이었다. 수많은 친구가 생일을 축하해 주러 달려온 그날 그는 집을 빠져나와 1년 8개월 동안 이탈리아 곳곳을 여행했다. 대체 그는 무슨 사연으로 길을 떠나게 된 걸까?

이 청년은 바로 대문호 괴테다.

더욱 놀라운 건 당시 그가 바이마르 공국의 장관이었다는 사실이다. 만약 당신이라면 '장관'이라는 높은 지위를 버리고 떠날 수 있겠는가? 하지만 괴테는 변화가 없는 정체된 삶에 회의를 느끼고 떠남을 선택했다.

떠난다는 건 고독을 선택한다는 말이고, 고독해진다는 건 과거와의 단절을 의미한다. 창조의 시작은 단절이고, 혁명은 그렇게 시작된다.

그는 1년 8개월의 이탈리아 여행을 통해 자신을 혁명했다. 여행에서 돌아온 그는 전과는 다른 내면의 언어를 구사하게 되었다. 그리고 그런 괴테를 이해하지 못한 지인들과 자연스럽게 멀어지면서 스스로 고독에 빠져 지내며 세상을 놀라게 할 대작을 써냈다.

'떠남을 스스로 결정한 자만이 사색가가 되어 나를 혁명할 수 있다.'

독일의 위대한 작곡가 베토벤은 괴테가 존경한 유일한 사람이었다. 둘 사이에는 재미있는 일화가 하나 있는데, 베토벤이 〈서곡〉을 완성할 무렵 괴테가 잠시 빈에 왔을 때 일어난 일이다.

그들은 공원을 산책하며 이야기를 나눴다. 그런데 지나가는 시민들이 약속이나 한 듯 두 사람을 향해 머리를 숙이고 경의를 표했다. 괴테는 모자를 벗고 미소를 지으며 일일이 답례했다. 하지만 베토벤은 먼 하늘만 응시했다.

답례하는 게 귀찮아진 괴테가 말했다.

"시민이란 따분한 존재야. 자꾸만 인사를 하니 말이야."

그러자 입을 굳게 다물고 하늘만 응시하던 베토벤은 괴테를 바라보며 단호한 표정으로 응수했다.

"괴테 선생, 제가 이렇게 말한다고 섭섭해하지 마십시오. 그들은 전부 저에게 인사하는 거랍니다."

나는 두 사람의 대화에서 사색가의 본질을 발견할 수 있었다. 괴테와 베토벤은 자만심이 강한 사람이 아니라, 오직 자신의 삶에 집중하며 사는 사색가였을 뿐이다.

생사를 오가는 전쟁터에서도 언제나 책을 읽으며 사색에 빠졌던 나폴레옹은 1808년에 괴테를 만나고 이렇게 말했다.

"여기도 사람이 있군."

나폴레옹은 사색할 수 없는 사람은 존재하지 않는 것과 마찬가지라고 생각했다. 사색가는 지금 이 순간 오직 자신에게 집중한다. 고독을 통해 세상에 나를 존재하게 하고, 나로부터의 혁명을 창조한다.

혁명이란 사실 쉽게 쓸 수 있는 단어가 아니다. 이전의 모든 관습이나 방식을 근본적으로 고쳐 질적으로 급격하게 변화되었을 경우에만 비로소 사용할 수 있는 단어이기 때문이다. 하지만 나폴레옹과 베토벤 그리고 괴테가 세상에 미친 영향은 혁명이라는 단어가 과하지 않을 정도로 위대했다.

혁명은 어렵지 않다.

공간과 환경에 구애받지 않기 때문이다. 세계적인 작품은 때론 감옥이라는, 가장 억압받고 가장 외롭고 가장 폐쇄적인 공간에서 창조되었다. 이런 작품을 써낸 사람들은 비록 몸이 묶여 있었지만 가장 높게 가장 넓게 세상을 관조했다. 앉아서 세상 끝까지 바라봤다. 그들에 비하면 우리가 겪는 억압과 외로움, 그리고 좁다고 생각하는 생활 반경은 아무것도 아니다.

그러므로 '나는 나를 혁명할 수 있다.'

우리는 사색을 통해 잠자고 있는 수천만 개의 감각을 깨울 수 있다. 모든 것이 통제된다고 해도, 세상이 내 길을 굳게 가로막아도, 사색만 멈추지 않는다면 막혀 있어도 막혀 있는 게 아니다. 내가 가진 최고의 힘은 바로 자유다. 우리는 누구나 사색할 자유를 갖고 있다. 그게 바로 우리가 가진 최고의 경쟁력이다.

다른 길을 걷고 싶다면 우선 지금 걷고 있는 길에서 빠져나와야 한다. 나를 혁명하려면 익숙한 길에서 벗어나야 한다. 괴테가 서른일곱 살에 모든 것을 내려놓고 아는 사람이 없는 곳을 찾아 떠난 것처럼 우리도 떠남을 선택해야 한다.

떠남을 선택하지 못한 자는 결국 떠남을 강요받게 된다.

그땐 이미 늦다.

그대의 오늘,
바로 이 순간이!
떠남을 선택하는 위대한 시작이 되길.

07 희망

기다리는 게 있다는
아름다움

기다림이 희망입니다 | 올지 안 올지 알 수 없는 사람을 기다리는 것은 누구에게나 힘든 일입니다.

기약 없이 누군가를 기다리는 건 사람을 지치게 하는 일이기도 합니다.

하지만 그 모든 것을 다 알면서도
여전히 같은 자리에서 누군가를 기다린다는 건,
내 안에 '혹시 그 사람이 올 수도 있지 않을까?'라는 희망이 존재하기 때문이겠죠.

그래요.
기다린다는 건 아직 희망이 있다는 증거입니다.
희망은 살아갈 힘을 만들어 줍니다.
생각해 보세요.
'조금만 더, 조금만 더'라고 하다가
결국 평소보다 10분 늦게 일어난 사람은
지각을 면하기 위해 서둘러 준비를 마치고 달려 나갑니다.
서둘러 나가면 늦지 않을 수 있다는 희망이 있기 때문이죠.
희망이 그 사람을 달리게 합니다.

하지만 10분이 아니라 한 시간 늦게 일어나면 체념하게 되죠.

이미 돌이킬 수 없는 상태이기 때문입니다.

희망의 부재가 그 사람을 멈추게 합니다.

그는 결국 희망을 잃고 현실에서 할 수 있는 투정을 부리게 되겠죠.

"어차피 늦었잖아."

"빨리 가야 뭐하겠어!"

혹시 지금 누군가를 기다리고 있나요?

무작정 기다리는 게 힘들어 지쳐 가고 있나요?

막연하고 두렵고 불안하겠지만 이거 하나만 기억하세요.

기다리는 대상이 사랑하는 연인이든, 소중한 꿈이든,

무언가를 기다리고 있는 당신에겐 희망이 있다는 사실을 말이에요.

**너무 늦지도,
너무 빠르지도 않게**

주변을 돌아보면

나보다 늦게 시작했음에도

앞서 나가는 사람을 보게 됩니다.

내가 3년 만에 이룬 것을

석 달 만에 완성한 사람을 볼 때면

내 삶이 불안해지고 이런 생각이 들게 됩니다.

'지금까지 나는 대체 뭘 한 거지?'

하지만 저는 그런 사람을 볼 때면
오히려 이런 생각이 듭니다.
'앞으로 나는 잘 먹고살 수 있겠구나.'
이게 대체 무슨 말이냐고요?
내가 걸은 만큼만 앞으로 나가야 하기 때문입니다.
옳은 방법이 아니라면 한 걸음도 더 나가면 안 됩니다.
물론 지혜롭게 일하는 건 좋습니다.
하지만 순리를 벗어나
편법과 변칙적인 방법으로 앞서 나가는 건
자신에게 공허함만 줄 뿐입니다.

중요한 건 도착이 아니라 과정입니다.
괴테는 평생 동안 쓴 대작 〈파우스트〉를 죽기 얼마 전에 완성한 후 이런 유언을 남겼습니다.
"원고를 밀봉해서 내가 죽은 다음에 세상에 내보내라."
그 소중한 원고를 왜 생전에 발간하지 않은 걸까요?
이유는 간단합니다.
〈파우스트〉로 좋은 평가를 받고 위대해지는 것보다
그걸 만든 과정에서 행복을 느꼈으니
그걸로 충분하다고 생각했기 때문이죠.

자기 일에서 대가가 되려면
끝없이 칼날을 갈아야 하는데,
많은 사람이 그게 힘들어
칼을 버리고 목소리만 높입니다.

지금 이 세상엔 뜨거운 열정이 사라지고
듣기 싫은 소음만 가득합니다.
그들은 비록 내 앞에 있지만,
진실로 나를 앞서 나가는 것이 아니기 때문에
괜히 신경 쓸 필요가 없습니다.

하나만 기억하세요.
'날이 무딘 사람일수록 소리가 커집니다.'
그리고 결과가 주는 열매보다는
과정이 주는 행복을 즐기세요.

우리는 모두 알고 있습니다.
좋은 시계는 빨리 가는 시계가 아니라
정확하게 시간에 맞춰 가는 시계라는 사실을.

'나는 아직 늦지 않았습니다.'

세상은 누가 바꾸는 걸까요?

일일 일식을 실천하고 있기 때문에 한 끼를 먹을 때마다 굉장히 신중하게 생각하는 편이라, 정말 맛있다는 생각이 들지 않으면 먹지 않는 편이다. 그런데 이런 나의 원칙을 완벽하게 파괴한 식당이 하나 생겼다.

식당도 아닌 분식점인데, 나는 여기에 정기적으로 찾아가 어떻게든 많은 음식을 팔아 준다. 이유가 뭘까? 엄청나게 맛있는 음식을 만드는 분식점이라서?

집 근처 초등학교 후문 근처에 있는 이 분식점은 다른 분식점과 완전히 다르다.

'맛이 아니라 마음가짐이 다르다!'

놀랍게도 이 분식점 주인은 욕 등 거친 말을 일삼는 아이들에게는 음식을 팔지 않는다. 초등학생이 최고 고객인데, 분식집 주인은 용감하게도 이런 문구를 적어 놓은 것이다. 그가 용기 있는 결정을 내린 이유는 아이들을 진정 사랑하기 때문이다. 사랑하기 때문에 그들의 미래를 위해 거친 말과 행동을 하지 않을 수 있도록 계도하는 것이다.

우리는 요즘 아이들이 버릇없다고 한탄한다.

그리고 우리는 누군가 돈을 벌면 기부나 좀 하라고 한다. 또한 누군가 큰돈을 벌면 한국은 정의로운 나라가 아니라고 말한다.

그들에게 이렇게 말하고 싶다.
"당신이 원하는 세상은 당신이 만드는 것이다."

세상은 스스로 먼저 행동하는 사람이 바꿔 나가는 것이다. 세상에 정의를 구하기 전에 당신의 하루를 살펴보라. 아이들의 미래를 생각하며 도덕적인 삶을 사는 분식집 주인처럼 살아가는 사람이 많아지면, 그게 바로 정의로운 나라를 만드는 가장 빠른 길인 것이다. 남이 번 돈을 기부하라고 말하기 전에 스스로 자신이 모은 돈을 조금이라도 기부할 수 있다면, 세상이 그런 사람으로 가득하다면, 그게 아름다운 세상으로 가는 가장 빠른 길인 셈이다.

가장 정의롭고
가장 아름다운 나라는
당신이 만드는 것이다.

당신이 원하는 세상이 있다면
누군가 나서길 바라지 말고,
지금 당신이 시작하라.

**눈물을
흘리며** | 뜨거운 눈물을 흘리며
빵을 먹어 보지 못한 사람은,
괴로움에 아픈 밤을
울면서 지새운 적이 없는 사람은
하늘의 힘을 모른다.

인간에게 주어진 최고의 가치는 노력이다. 간혹 노력을 부정하는 사람도 있지만, 노력을 부정한다는 것은 내 존재 자체를 부정하는 것과 마찬가지다.

물론 가장 완벽한 방법을 찾아 최선의 노력을 기울였지만 뜻하는 대로 이뤄지지 않을 수도 있다. 그때 우리는 실망하거나 자책하지 말아야 한다. 인간이 노력으로 도달할 수 없는 지점에서는 하늘이 나서 돕기 때문이다.

괴테의 〈눈물을 흘리며〉라는 시가 말하고자 하는 게 바로 그것이다. 할 수 있는 만큼 최선을 다하면 그걸로 된 거다. 노력을 했지만 안 될 수도 있다. 하지만 그렇다고 아무 의미가 없는 것은 아니다. 우리의 모든 노력을 이미 하늘이 다 알고 있기 때문이다.

만약 그대가 어떤 성취도 이루지 못했다 할지라도,
'눈물을 흘려 본 사람만이 눈물을 흘리는 사람을 위로할 수 있다'는

사실 하나만으로,

　　누군가를 위로할 수 있다는 사실만으로 그대의 눈물은 아름답다.

남 탓이 아닌 내 탓이 내 삶을 바꿉니다

동네를 사색하며 걷다가 아주 특별한 주차 안내 표지판을 발견했습니다. 제가 사는 동네는 자동차가 넘치는 주택가입니다. 매일 주차 전쟁을 하죠. 그런데 이 사람은 자기가 부재중인 시간에 우리 동네에 방문한 사람이 편안하게 주차할 수 있도록 작은 표지판에 "오전 7시부터 저녁 7시까지 자리를 비우니 누구라도 편안하게 주차하세요."라는 글을 남겨 뒀습니다.

그의 짧은 한 문장이 주차 전쟁 중인 이 동네를 평화롭게 만들었습니다. 이 표지판을 본 동네 사람들은 어떤 생각을 할까요?

네, 맞습니다.

마음이 따뜻해지고, 주차 전쟁에 동참했던 지난날의 잘못을 반성했을 테죠.

느껴지시나요?

동네의 분위기를 바꾼 건 막대한 돈도, 높은 지위에 있는 사람의 명령도 아닌 한 사람의 사랑이었습니다. 그는 동네 탓을 하기 전에 내 탓을 먼저 떠올리고 변화를 결심했습니다. 이제 그 골목에서는 자기 주차 구역을 표시하는 무거운 화분과 타이어를 찾아볼 수 없습니다.

세상에는 환경을 탓하는 사람들이 있습니다.

"내가 사는 동네는 왜 이럴까?"

"이런 환경에서 뭘 바라냐!"

제가 가장 안타깝게 생각하는 부류는 남 탓을 하는 사람들입니다. 물론 이유가 있겠죠. 사는 게 힘들어지고 앞이 깜깜하면 그럴 수도 있습니다.

그런데 남 탓 대신에 내 탓을 해 보면 어떨까요? 남 탓을 하는 사람은 내가 잘되지 않는 이유를 모두 밖에서 찾으려고 하지만, 내 탓을 하는 사람은 내 안에서 모든 이유를 찾습니다.

결국 누가 꿈을 이루며 원하는 삶을 살까요?

그때그때 자기 잘못을 수정하며 정확한 길을 선택한, '내 탓'을 하는 사람이 원하는 삶을 살 테죠.

내가 사는 동네와 내가 다니는 직장, 내가 사랑하는 사람들도 모두 올바른 방향으로 바꿀 수 있습니다. 나를 바꾼 사람만이 다른 사람도 바꿀 수 있으니까요. 다만 기억해야 할 건, 모든 것을 내 탓이라 생각하고 접근해야 한다는 사실입니다. 모든 변화는 나로부터 시작됩니다.

쉽지 않을 것 같다고요?

아닙니다. 전혀 힘든 일이 아닙니다.

남 탓을 하는 사람은 자기 안에 사랑이 부족합니다. 반대로 내 탓을 하는 사람은 자기 안에 사랑이 가득하죠. 나를 사랑할 수 있는 사람만이 내 탓을 할 수 있습니다. 거기에 희망이 있습니다.

결국 사랑이 모든 것을 변하게 하니까요.

작은 표지판 하나가 동네를 바꾼 것처럼
우리는 무엇이든 변화시킬 수 있습니다.
당신이라면 가능합니다.

오늘보다 아름다운 내일을 꿈꾸는 그대에게

세상 모든 사람을 사랑할 수는 없습니다.

마찬가지로, 모든 사람에게 사랑 받으며 살 수는 없습니다.

살다 보면 그냥 보기 싫은 사람도 만나게 됩니다.

많은 분이 말합니다.

"싫은 사람이 있는데 자꾸 거슬리네요."

제 대답은 간단합니다.

"싫으면 안 보면 됩니다."

이때 '안 보면 된다'는 말의 의미는 '사람'을 보지 말라는 게 아니라,

싫어하는 그 '마음'을 보지 말라는 의미입니다.

하지만 많은 사람이 참지 못하고 폭발합니다. 굳이 자신의 분노를 드러내며 공개적으로 상대를 비난하고 마음을 아프게 하는 이유는 내 안에 풀리지 않은 한과 아픔이 있기 때문입니다.

결국 내 입과 표정을 통해 나온 모든 분노는 상대가 아닌 나에 대한 불만인 셈입니다. 폭풍처럼 상대를 비난하지만, 정작 비바람에 아픈 건 나 자신입니다.

내 안에 쌓은 미움과 분노를 간직하지 마세요.
바람처럼 스쳐 보내고, 물처럼 흘려보내세요.
흘러가는 물이 더럽다고 비난하지 말고,
깨끗한 물을 받아들일 수 있는 나를 만드세요.
그리고 내 마음에 이렇게 말하세요.
"나의 내일은 어제보다 조금 더 아름다울 거야."

나는 내 꿈을 이룰 수 있습니다

많은 사람이 제게 묻습니다.
"세상에 제 이름을 알릴 수 있는 날이 과연 올까요?"
"저도 제 꿈을 이룰 수 있을까요?"

아프고 슬픈 그 마음, 알고 있습니다.
아픈 현실에 아파했고, 꿈에 두근거려 봤으니까요.
그래서 저는
생각만 해도 가슴이 두근거리게 할 정도로
멋진 꿈을 가지고 있는 사람이
자주 눈물을 흘리게 된다는 사실도 알고 있습니다.

꿈이 있는 사람은
노력하며 흘리는 땀이
몸이 아닌 눈에서 나오기 때문입니다.
'눈물은 꿈이 흘리는 땀입니다.'

아프고, 아프고……
또 아픈 지금 이 순간을
우리 조금만 견뎌 봐요.
거센 비가 내린 후에
더욱 선명한 무지개를 볼 수 있는 것처럼,
눈물이 없는 눈에는 무지개가 뜨지 않으니까요.

나는 내 꿈을 이룰 수 있습니다.
눈물이 흐른다는 건,

이제 곧 나의 무지개가 뜬다는 것을 의미하니까요.
그리고 믿습니다.
'오늘 내 눈앞에 뜬 무지개는
어제까지 흘린 내 눈물의 합입니다.'

08 사랑

사랑할 수 없는
모든 것을 사랑하라

내가 가장 사랑하는 일을 발견하는 법

사형 집행 5분 전, 집행인이 안중근 의사에게 말했습니다.

"죽기 전에 소원이 있으면 말하라!"

그러자 그는 "5분만 시간을 주십시오. 읽던 책을 아직 다 읽지 못했습니다."라고 답했습니다. 그에게 책을 읽을 5분의 시간이 주어졌고, 책을 마저 다 읽은 후 사형이 집행되었습니다.

비록 사형 5분 전이지만, '해야 할 일을 모두 하고 떠난다'는 담담하고도 당당한 모습이 느껴집니다.

그저 안중근 의사의 행동에 감탄만 하고 있기보다는, 조국과 책을 향한 그의 뜨거운 마음을 느낄 수 있어야 합니다.

무언가를 미치도록 사랑하는 사람은 내가 해야 할 일을 마치지 못하고 떠난다는 게 안타까울 뿐, 죽음 그 자체가 두렵지 않습니다.

누군가 제게 "앞으로 네 삶이 5분밖에 남지 않았다."라고 한다면, 저는 채 마무리하지 못한 사색을 마치고 그 결과를 기록으로 남긴 후, 만족한 표정을 지으며 세상을 떠날 것입니다.

제가 가장 사랑하는 일은 사색으로 무언가를 발견하고 세상에 전하는 것이니까요.

상담을 하다 보면 이런 고민을 하는 사람이 많습니다.

"작가님, 사랑하는 일을 하고 싶어요."

"제가 선택한 과가 적성에 맞는지 모르겠어요."

"지금 제가 하는 일이 저랑 잘 맞는지 모르겠어요."

이런 말을 들을 때마다 저는 이렇게 묻습니다.

"만약 당신의 삶이 5분밖에 남지 않았다면 무엇을 할 건가요?"

담배를 필 수도,

좋아하는 음식을 먹을 수도,

사랑하는 사람과 통화를 할 수도 있겠죠.

선택은 자유입니다.

하지만 무엇보다 중요한 사실은

그 5분이 지금 당신의 삶을 말해 준다는 것입니다.

"당신의 선택은 무엇인가요?"

| **세상에서 가장 적극적인 사랑** | 한 사람이 히말라야 등산을 하다가 갑자기 나타난 개와 동행하게 되었습니다. |

산에 개가 나타났다는 사실도 놀랍지만,

더욱 놀라운 건

개가 히말라야 정상에 도착하자마자
30분간 한 자세로 가만히 앉아
눈앞에 보이는 절경을 즐기며 사색했다는 사실입니다.

어떤 사람은 "개가 사색도 하네?"라며 놀라지만,
어떤 사람은 "무슨 사색을 했을까?"라고 질문합니다.

두 사람의 차이가 뭘까요?
한 사람은 놀라는 데 그쳤지만,
다른 한 사람은 질문을 했습니다.

우리가 질문하지 못하는 이유는
생명의 수준을 함부로 판단하고
사랑하지 않기 때문입니다.

"사색이란 세상의 손을 잡는 일입니다."
우리는 이 깊고도 넓은 문장을 이해해야 합니다.
동물과 식물에만 생명이 있는 게 아닙니다.
움직일 수 없는 산과 돌,
형체가 없는 바람에도 생명을 느낄 수 있어야 합니다.

더 많은 사물에 마음을 담은 생명을 줘야
내가 볼 수 없었던 세계를 만날 수 있고,
세상을 사랑한다는 게 어떤 건지 알게 됩니다.

세상에 더 자주 손을 내밀어 주길.
무언가에 생명을 부여한다는 건,
가장 적극적으로 나를 사랑하는 일이니까.

잃어버린 나를 찾는 다섯 번째 계절

연말엔 여기저기서 수많은 모임이 열립니다.
들여다보면 그 이유도 목적도 다양합니다.
물론 함께 모여 친분을 나누고
한 해를 정리하는 자리를 가지는 것도 중요합니다.

하지만 저는 지난 10년 정도 연말에 특별히 모임을 주최하거나 참석한 적이 없습니다. 연말은 제가 저에게 주는, 어느 계절보다 소중한 '다섯 번째 계절'이기 때문입니다.

제게 연말은 진정한 나로 돌아가는 계절입니다.

나라는 계절을 사랑해 주고,
타인의 삶을 살지는 않았는지
지난 시간을 돌아보며
나를 지키기 위해 노력합니다.

세상에서 가장 무서운 일은
돈과 명예를 잃는 게 아니라,
내가 나를 잃고 사는 것이기 때문입니다.
내가 나를 지지할 수 없다면
누구의 지지도 받을 수 없습니다.

정신없이 사느라 잃어버린 나를 찾고 싶다면,
오직 내게 집중하며 얻는 향을 발견하세요.
무엇이든 깊어지면
흉내 낼 수 없는 향기가 납니다.
저는 그걸 '개성'이라고 부릅니다.
바꿔 말하면 '세상을 사는 내 방식'입니다.
그 향기를 발견하면
우리는 비로소 자기 자신으로 살 수 있으며,
삶이 주는 아름다운 자유를 느끼게 됩니다.

연말은 깊은 고독에 잠겨
나만 낼 수 있는 향을 세상에 남기는 시간입니다.
나로 돌아가는 이 다섯 번째 계절에
사랑보다 깊은 사랑으로
나라는 계절을 뜨겁게 안아 주세요.

"홀로 뜨거워지세요."

내가 세상을 사랑하는
유일한 이유

세상을 살다 보면
내 도움을 필요로 하는 사람을
가끔 만나게 된다.

그럴 때마다 나는 그를 믿고 기회를 준다.
주변에서는 "뭘 믿고 그렇게 해 주느냐?"고 내게 말한다.
하지만 그가 성공한 후 나를 배신해도 괜찮고,
나를 이용하려는 의도였다고 해도 괜찮다.
내 목적은 사랑을 전하는 것이었으니
이미 모두 이뤘기 때문이다.

그런데 어떤 사람은
도움을 필요로 하는 사람을

극도의 의심스러운 눈으로 바라보며,
어렵게 내민 손을 뿌리친다.

생각해 보라.
'자신의 삶을 사는 사람의 모습은 무엇일까?'
설사 누군가에게 속았을지라도
'속았다'는 생각보다는,
'그래도 당연히 도와야지'라고 생각하는 게
나다운 삶을 사는 사람의 모습이다.

하지만 많은 사람이 이런 고민에 빠진다.
'내가 바보처럼 속은 게 아닐까?'
'내가 범죄를 부추기는 게 아닐까?'

타인의 눈을 의식하지 마라.
'그가 내민 손이 거짓이냐 진실이냐'보다는
'내 내면의 목소리가 무엇이냐'가 중요하다.
세상에 인간의 감정보다 솔직한 건 없다.

"누구나 자기가 가진 것만 줄 수 있다."
나는 바로 이 순간까지,

'어떻게 하면 의심할 수 있을까?'가 아니라
'어떻게 하면 더 사랑할 수 있을까?'라는 생각을 내 안에 담았다.
어제까지 내가 생각한 것의 합이
바로 지금 내가 세상에 보여 줄 수 있는 모든 것이기 때문이다.

"나는 지금까지 생각한 것만 세상에 보여 줄 수 있다."
그게 바로 여전히 내가 세상을 사랑하는 유일한 이유다.

내가 누구보다 나를 사랑해야 하는 이유

우리는 책이나 강연에서 '나를 사랑해야 한다'는 말을 자주 듣습니다.
그런데 잘 이해가 되지 않습니다.
왜 그래야 하는지 이유도 와 닿지 않고요.

이 문장을 깊이 사색해 보시겠어요.
"우리는 사랑하는 사람에게서만 배울 수 있다."

뭔가 느껴지시나요?
내가 누구보다 나를 사랑해야 하는 이유는,
내가 나를 진정으로 사랑해야

나를 사랑하는 것처럼
세상을 사랑할 수 있기 때문입니다.
그때 비로소 사소한 자연에서도 위대한 배움을 얻게 됩니다.

대문호 괴테는 자신의 삶을 이렇게 표현했습니다.
"많이 사랑했고, 많이 아파했네. 그게 전부야."
괴테는 자연에서 모든 것을 배웠습니다.
자연의 절정은 사랑이고,
우리는 사랑에 의해서만 자연에 접근할 수 있습니다.
내가 나를 사랑하는 것처럼
자연을 사랑할 수 있는 사람만이
함께 아파하고 배울 수 있습니다.

그리고 또 하나의 비극은
나를 사랑하지 않는 사람은 결국
나를 나의 적으로 만들어 버린다는 것입니다.
당연히 세상도 적으로 만들어 버리겠죠.
그래서 결국 '세상에 난 혼자'라는 외로움 속에서
휘청이며 살아갈 수밖에 없습니다.

물론 인생은 혼자 걷는 길입니다.

하지만 혼자 있을 때

외로움을 느끼는 사람이 있는가 하면

함께 있는 것처럼 따뜻함을 느끼는 사람도 있습니다.

진정 나를 사랑하는 사람은

혼자 있어도 외롭지 않습니다.

내가 나를 사랑하는 한

나는 외롭지 않습니다.

그리고 멈추지 않는 배움으로

어제보다 아름다운 오늘을 살게 됩니다.

이게 내가 나를 사랑해야 할 이유입니다.

**사랑은 언제나
너무 늦습니다** | 사람들이 "살 만해?"라고 물으면 저는 곧잘 이렇게 답하곤 합니다.
"나? 물론 잘살고 있지."

제게 '잘산다'는 것은 세상이 말하는 '잘나간다'는 의미가 아닙니다. 전 잘나가는 거엔 도무지 관심이 없으니까요. 하지만 '잘살고 싶다'는 마음은 강렬합니다. 제게 잘산다는 건 사랑하며 산다는 것을 의미하기 때문이죠.

아버지가 일찍 돌아가신 후 할아버지는 제게 아버지와 같았습니다. 멋진 종이비행기를 접어 주셨고, 주말이면 차를 타고 좋은 곳에 데려가 최대한 많은 것을 보여 주려고 애쓰셨죠. 입학식이나 졸업식에도 언제나 아버지 대신 오셔서 축하해 주셨습니다. 과묵하셨지만 제겐 정말 든든한 버팀목이셨죠.

비록 할아버지는 10여 년 전 돌아가셨지만 지금도 기억나는 추억이 하나 있습니다.

우리는 물가에만 가면 누가 먼저랄 것도 없이 물수제비를 떴습니다. 최대한 둥글고 얄팍한 돌을 찾아내 몇 번이고 던졌죠. 지금 생각해 보면 분명 힘드셨을 텐데, 손자가 신나 하니까 그 모습이 좋아서 힘들어도 참고 던지신 것 같습니다.

하지만 그 마음을 몰랐던 저는 참 미련하게도 돌을 더 많이 튀겨서 할아버지를 이기려고만 했습니다. 저는 오직 '승부'에만 집중했지만, 할아버지는 힘들어도 참고 던지며 손자를 향한 '사랑'에 집중하셨던 거죠.

최근 강가에서 혼자 물수제비를 뜨다가
문득 할아버지가 생각났습니다.
함께 물수제비를 뜨며
해맑게 웃으시던 할아버지의 모습이 떠올라

주체할 수 없는 눈물이 흘렀습니다.
울컥울컥 솟아 올라오는 슬픔을 감당할 수 없어
연신 죄 없는 돌멩이만 던졌습니다.

그런데……
수면 위로 돌이 떠오를 때마다
당신을 향한 그리움도 함께 떠올랐습니다.
소리에도 슬픔이 있다는 사실을 처음 알았습니다.
내 가슴에서 끝없이 튀어 오르는
이 슬픈 소리가 당신도 들리시나요?
저는 날아가는 돌은 보이지 않고
당신만 보입니다.
당신을 바라보고 있습니다.

시간을 되돌려 중학생 시절로 돌아갈 수 있다면,
그리고 내게 10초의 시간이 주어진다면
물수제비를 뜨던 당신의 손을 꼭 잡고
"사랑해요."라고 말하고 싶습니다.

10초면 충분히 할 수 있는 일.
내 사랑을 전하는 일.

나는 미련하게도
10초면 할 수 있는 일을 하지 못해
10년을 그리움 속에서 살고 있습니다.

당신의 사랑을 이제야 깨닫습니다.
제 사랑이 너무 늦었습니다.

평범한 사람은 없다

제가 원칙으로 세운 문장이 하나 있습니다.
"세상에 평범한 사람은 없다.
특별한 사랑을 주면 특별한 사람으로 성장한다."

제가 가꾸는 텃밭에는 아주 소중한 열매가 있습니다. 바로 제가 엄청난 사랑을 주는 딸기입니다. 지난겨울부터 봄 그리고 여름, 가을인 지금까지 딸기가 계속 나오네요. 뜨거운 사랑은 계절을 초월하는 것 같습니다.

사람도 마찬가지입니다.
열매가 제철이 있는 것처럼
누구나 한때 잘나갈 순 있습니다.

중요한 건 성장을 지속하는 거죠.
자연이 그 비밀을 우리에게 알려 줍니다.
"사랑하라, 더 사랑하라."

열두 달 내내 열매를 맺는 딸기를 가꾸듯
내가 나를 사랑하는 한
나는 멈추지 않습니다.
내 가치를 정하는 건 세상이 아니라
나를 사랑하는 이토록 뜨거운 마음입니다.

"사랑이 가치를 결정합니다."

09 행복

모든 것을 있는 그대로
받아들이려는 노력

값싼, 그러나 위대한 행복

하루는 매출 500억 원을 올리는 회사 대표가 제게 상담을 요청해 왔습니다. 멋진 회사와 멋진 아내 그리고 멋진 집과 차를 가진 그였기에 과연 무엇을 상담하고 싶은 건지 궁금했습니다.

그가 내뱉은 말은 저를 놀라게 만들었습니다.

"작가님, 저는 행복하지 않습니다."

멋진 삶을 사는 것처럼 보였지만 그의 이야기를 들어 보니 그의 삶은 전혀 멋지지 않았습니다. 그는 20년 내내 오늘이 마지막 날인 것처럼 일에 자신의 삶을 바쳤습니다. 언젠가 폭탄이 터지듯 거대한 행복과 마주할 거란 믿음으로. 하지만 그에게 그런 날은 찾아오지 않았습니다. 저는 그에게 이렇게 말해 줬습니다.

"행복이란 갑자기 찾아오는 선물이 아닙니다. 제가 보기에 당신이 살면서 가장 잘못한 건, 하루하루 매 순간 반드시 누려야 할 값싼 행복을 누리지 않았다는 것입니다. 값싼 행복을 누리지 못한 대가로 당신은 언젠가 소중한 것을 많이 잃게 될 겁니다."

저는 오늘도 길을 걸으며 행복을 발견했습니다.

사람들은 자신의 주차 구역에 들기도 힘들 만큼 커다란 타이어나 쇠로 만든 물건을 놔둡니다. 아무도 차를 세우지 못하게 하려는 의도지요. 하지만 산책을 하다 저는 자신의 주차 구역에 타이어나 쇳덩이가 아닌 아름다운 꽃을 둔 장면을 발견했습니다.

내면이 강한 사람은 타인을 협박하거나 힘으로 제압하지 않습니다. 몸의 힘이 아닌 마음의 힘이 강하기 때문입니다. 그리고 마음의 힘이 강한 사람은 매일 자신에게 행복을 선물합니다. 이 꽃의 주인은 자신의 주차 구역에 무거운 것을 두는 대신 꽃을 놓으며 스스로 자신에게 행복을 선물한 셈입니다.

행복을 미루지 마세요.
더 이상 자신의 하루를 껍데기로 만들지 마세요.
값싼 그러나 당신의 삶을 아름답게 할 행복을 발견하세요.
당신만 허락한다면
지금 이 순간이 행복입니다.

사색이 자본이다 | 지금까지 34권의 책을 냈지만, 사색의 중요성을 인문 고전과 연결해 쓴 《사색이 자본이다》는 그 중에서도 내가 매우 아끼는 책이다. 말로 표현하기 힘들 정도로 힘들게 쓴 책이기 때문이다. 그 노력을 책에서 발견한 많은 독자분이 《사색이 자본이다》는 내 인생 최고의 책이라고 말해 주기도 하고, 정말 자신 있게 추천할 수 있는 책이라고 호평해 주기도

한다.

그런데 꼭 마지막에 이런 말을 덧붙인다.

"이 책이 많이 팔리지 않은 이유를 모르겠어요. 더 많은 사람이 보면 좋을 텐데."

사실 나는 많이 팔리지 않은 이유를 알고 있다. 제목만 약간 수정해도 이 책은 더 많이 팔릴 수 있었을 것이다. 베스트셀러를 많이 만들어 낸 한 대형 출판사의 편집장은 내게 이런 조언을 했다.

"작가님, 《사색이 자본이다》라는 책은 '인문학이 자본이다'라고 제목을 약간 바꿨어도 베스트셀러가 되었을 텐데 아깝습니다. 제가 만들었으면 분명 베스트셀러가 되었을 텐데."

그런데 미안하지만, 시간을 돌려 제목을 바꿀 기회가 주어져도 나는 제목을 바꿀 생각이 전혀 없다. '인문학이 자본이다'라는 제목을 달고 나와 인문학 분위기에 편승해 열 배 이상의 판매량을 기록할 수 있다 해도 나는 제목을 바꾸지 않을 것이다. 나는 분명히 지난 10년 동안 사색을 강조했고, 인문학을 읽는 것이 중요한 게 아니라 사색가가 되어 세상에 존재하는 수많은 인문학을 발견하는 게 중요하다고 강조했기 때문이다.

"그래도 일단 많이 팔려서 사람들에게 알리는 게 중요하지 않까요?"라고 하는 사람도 있다. 일견 맞는 말이다. 하지만 사색가는 결과가 주는 달콤함보다는 과정이 주는 순간순간의 행동을 더 소중하게 생각한다. '사색'이라는 키워드를 제목에 넣어야만, 사색이 진정 필요한 사람들이 이 책을 더 잘 발견할 수 있다.

"절실함이 없는 만 명의 독자보다 정말 절실한 독자 한 사람에게 책이 팔릴 때 나는 진정 행복을 느낀다."
20년 동안 글을 썼지만
그 행복은 정말 말로 표현할 수 없다.

나는 그대가 아주 간절하게 사색할 수 있기를 바란다.
가끔 내게 어떤 인문학 책을 읽으면 좋겠냐고 묻는 독자가 있다. 그럴 때마다 책을 추천해 주긴 하지만 늘 내 가슴은 이렇게 외친다.
"사색가에게는 온 세상이 인문학이다."

지금 이 순간
내게 글을 쓸 수 있는 손과
별처럼 빛나는 글을 향한 꿈,
그리고 이 글을 읽는 그대를 사랑할 수 있는 붉은 가슴이 있어 행복하다.

행복하게 된 거다.
당신을 사랑할 수 있어서
참 행복하다.

세상에서 가장 가난한, 그러나 값진 행복

우루과이에는 호세 무히카라는 세계에서 가장 가난한 대통령이 있었습니다. 그는 남미에서 일인당 GDP가 가장 높은 국가인 우루과이의 대통령이었지만, 개인 재산이라곤 1987년 제조된 200만 원짜리 비틀 자동차 한 대뿐입니다. 대통령 시절 그는 대통령궁을 노숙자 쉼터로 제공했고, 대신 수도 몬테비데오 근교의 농장에서 기거하며 여가 시간에 용돈 벌이 삼아 채소밭을 가꿨습니다. 또한 그는 동네 평범한 음식점에서 식사를 하고, 직접 변기 뚜껑을 사러 돌아다녔고, 운동장에서 아이들이 축구를 하면 다가가 열정적으로 응원하기도 했습니다.

부자는 아니지만 기부에도 앞장섰습니다.
한국 돈으로 1300만 원 정도인 대통령 월급 중 90퍼센트를 기부하고, 남은 130만 원으로 한 달 동안 살았습니다.
그는 자신을 특이하게 바라보는 해외 취재진에게 이렇게 말했습니다.
"저는 특이한 사람이 아니에요. 우루과이의 대다수 국민도 저와 다를 바 없이 생활합니다. 사람들이 나를 세상에서 가장 가난한 대통령이라고 부르지만, 나는 전혀 가난하다고 생각하지 않아요. 오히려 진짜 가난한 사람은 사치스러운 삶을 살면서도 더 많은 것을 욕망하느라 노동하는 사람이라고 생각합니다. 가진 재산이 많지 않다면 가진 것을 유지하려고 노예처럼 일하지 않아도 되고, 자신을 위한 시간이 더 많아지죠. 남들 눈에는 내가 정신 나간 늙은이처럼 보일지도 모르지만, 이건 선택의 자유일 뿐입니다."

그가 특이해 보이나요?
아닙니다.
그는 단지 자신 앞에 놓인 수많은 선택 중에서
자신이 행복해지는 것을 선택했을 뿐입니다.

많이 벌고 많이 쓰는 게,
대기업에서 높은 연봉을 받는 게,
고급 주택과 차를 소유하는 게 행복이라고 생각하시나요?

한국은 가난한 나라였습니다.
가난이 죄는 아니지만, 우리를 죄스럽게 만들었죠.
그래서 사람들은 기를 쓰며 돈을 벌었습니다.
자신을 위한 삶은 잠시 유보해 둔 채 일에 더 매달려야만 했습니다.

그런데 지금 당신의 삶은 어떤가요?

살아남기 위해 누군가를 모함하고, 헐뜯고, 속이고, 비난하지 않았나요?

우리 가족이 살아남기 위해 어쩔 수 없는 선택이었다고 스스로 위안하며 누군가를 파괴하지 않았나요? 머지않아 당신은 일에 매달리는 시간이 늘어나면서 물질적인 여유를 누리겠지만, 지난 세월 동안 잃은 게 더 많다는 생각을 하게 될 겁니다. 하지만 더 많은 돈을 벌어야 한다고, 그게 당연하다고 생각하며 억지로 돈을 위한 삶을 반복하겠죠.

하지만 어느 순간이 오면 반드시 당신은 이런 질문에 직면하게 될 겁니다.

"너, 이렇게 사니까 행복하니?"

남의 힘을 빌리면 내 힘이 약해집니다. 마찬가지로, 자꾸 돈의 힘을 빌리는 사람은 스스로 행복을 발견할 수 있는 힘이 약해집니다. 다른 것에 의지하게 될수록 나의 힘과 능력은 약해지기 마련입니다.

이제 돈의 힘을 빌리는 어리석은 행동은 하지 않기를 바랍니다.

당신도 충분히 자신의 힘으로 행복해질 수 있습니다.

행복은 가난과 부유함이 아닌 선택과 행동의 결과니까요.

**행복을
만나고 싶다면** | 제가 자주 운전하는 길이 있습니다.
물과 산이 좋은 곳이라
평일에도 많은 자동차가 지나가는 곳이죠.

주변에 초등학교도 하나 있어서
과속방지턱이 몇 개 있는데,
저는 여기를 지날 때마다 행복을 배웁니다.

이 길에 익숙한 저는
높은 과속방지턱 앞에서 속도를 줄입니다.
그럴 때면 뒤에서 달려오는 차가 제게 경적을 울립니다.
빨리 가라는 거겠죠.
하지만 저를 죽일 것처럼 달려오던 그 차도, 상상 이상으로 높은 과속방지턱을 지나며 심하게 흔들리곤, 마치 걸음마를 처음 배우는 아이처럼 조심스럽게 운전하며 한없이 겸손해집니다.

처음엔 누구나 마찬가지입니다.
저도 그랬죠. 속도를 줄이지 못해 깜짝 놀라며 과속방지턱을 넘은 적이 한두 번이 아닙니다. 이처럼 어떤 일도 수없이 경험하고 반복하며 익숙해져야 합니다. 그래야 내 안의 욕심이 사라지고 겸손해집니다.

그 과정이 지나야 인생이라는 길에서 예상치 못한 높고 견고한 과속방지턱을 만났을 때 욕심을 내지 않고 속도를 줄여 안전하게 지나갈 수 있습니다.

오늘도 배웁니다.
욕심이 사라지면
행복을 만날 수 있습니다.
나는 오늘도 행복합니다.

무를 뽑으며 | 얼마 전부터 고민이 하나 있었습니다.
다른 무는 밭에 적당히 몸을 넣고 잘 크고 있는데, 유독 무 하나의 몸이 모두 밖으로 나와 있었거든요.
게다가 무 중간이 이상하게 변형된 모양이어서 이건 제대로 성장하는 게 아니라고 생각했습니다.
그래서 결국 무를 뽑아냈습니다.
혼자만 제대로 성장하지 못하는 게 마음 아프기도 했고, 밭에서 떨어질 것 같은 그 모습이 아슬아슬해 보였거든요.

그런데, 그게 아니었습니다.
뽑은 무의 뿌리 부분을 관찰하며 굉장히 놀랐습니다.

제가 변형된 모양이라고 생각했던 부분은
무가 제 몸에 구멍을 내서 뿌리를 밭에 묻고
어떻게든 살기 위해
나름대로 분투한 흔적이었습니다.
밭에서 떨어지지 않기 위해 말이죠.

제가 힘내라는 말을 좋아하지 않는 이유가 바로 여기에 있습니다.
모두 자기 삶에서 살기 위해 최선을 다하니까요.
내가 볼 때 노력이 부족해 보이는 사람도
밭에서 밀려난 무처럼 자기 삶에서 살아남기 위해
모든 노력을 다하고 있을 가능성이 큽니다.

무를 뽑아내며
제 고정관념도 뽑아냈습니다.
많은 사람이 걱정합니다.
'지금 내가 흘리는 땀이 열매를 맺지 못하면 어쩌지?'

세상에 쓸모없는 노력은 없습니다.
내가 나를 위해 노력하는 한
나의 오늘은 어제보다 아름답습니다.

나는 점점 좋아지고 있습니다.

가장 특별한 하루

8년째 쓰고 있는 책이 하나 있다. 물론 '적당히 마무리하자'는 마음으로 접근했다면 이미 몇 년 전에 끝났을 책이다. 하지만 내가 8년째 '더 완벽한 책을 내고 싶다'는 미련을 버리지 못하는 이유는, 내 문장에 아직 내 마음을 담지 못했기 때문이다.

나는 매일 새벽에 일어나 글을 쓰기 전, 늘 스스로 이렇게 다짐한다.
"책을 팔기보다는 마음을 전하고 싶다. 울고 웃던, 때론 스스로 감동하며 썼던 문장을 독자의 마음에 전하고 싶다."

중독성 강한 SNS를 끊었다가 단지 내 글을 읽고 싶어서 다시 시작했다는 분들의 이야기를 자주 듣게 된다. 정말 눈물이 흐를 정도로 감사하다. 게다가 놀랍게도 그분들 카스에 가 보면 모든 글이 내가 쓴 글이다.
아……
그걸 본 순간 수많은 감정이 교차한다. 그리고 단 하나의 감정이 남아 내 가슴을 아프게 한다.
"왜 마음을 좀 더 담지 못했을까?"

어떤 상품이 소비자의 반응을 얻고 돈을 버는 모습을 보면 많은 사람이 이렇게 푸념을 한다.
"아, 나도 저거 생각했던 건데. 아깝다, 나도 저거나 할걸."

그런데 그건 말처럼 간단한 일이 아니다. 아이디어를 내는 건, 그 아이디어를 실현하기 위한 100가지 단계 중의 일부에 불과하기 때문이다. 중요한 건 지속이다. 그리고 마음을 담는 것이다.
"좋은 아이디어는 금방 나오지만, 그것을 실현하는 데는 진실한 마음이 필요하다."

내가 오랜 시간 공을 들여 글을 쓰는 이유는 간단하다. 나는 어려운 단어, 이해하기 힘든 문장과 이론을 전파하기보다는, 정말 쉽지만 마음으로 전해지는 문장을 쓰려고 한다. 평범한 문장도 거기에 마음을 담으면 세상에서 가장 화려한 문장이 된다고 생각하기 때문이다.
나는 믿는다.
"어떤 화려한 문장도 마음을 담은 문장을 이길 수 없다."

사람도 마찬가지다.
세상에 평범한 사람은 없다.
마음을 다해 다가가면 누구라도 내게는 세상에서 가장 특별한 사람이 된다.

마찬가지로 평범한 하루도 없다.

내 하루에 정성을 담은 특별한 마음을 전하겠다고 다가서면 모든 게 특별해진다.

"오늘도 나의 특별한 하루다."

행복을 선택하는 기술

인터넷 서핑을 하다 보면 어디서 많이 본 글을 발견하게 된다.

바로 내가 쓴 글이다. 내가 처음 시를 쓰던 2000년부터 그랬으니까 15년 동안 겪는 일이다.

대개 그들은 내 이름을 쏙 빼고, 마치 자신이 쓴 것처럼 작가 이름 부분에 본인 이름을 버젓이 올려 둔다. 온갖 포털사이트에서 내 이름을 빼고 자신이 쓴 것처럼 올려 원본인 내 글보다 더 많은 공유와 댓글이 달린 글을 나는 수없이 보았고 제보도 많이 받았다.

그걸 알고 있는 독자는 잔뜩 흥분한 얼굴로 내게 이렇게 말한다.

"작가님은 억울하지도 않으세요? 저는 제가 쓴 게 아닌데도 이렇게 억울한데. 고소하든지 항의를 해야 하지 않을까요? 저들은 지금 작가님의 글로 사람들의 인기를 얻고 있는데."

하지만 나는 억울해하거나 분노하지 않는다.

내 부족한 글이 누군가의 삶에 도움이 되고 있다면 그걸로 정말 행복하니까.

내 이름이 사라지고 다른 사람 이름이 들어가면 어떤가. 그렇다고 내 글의 감동이 줄어들거나 사라지는 건 아닐 테니 그대로 나는 만족한다. 비록 내 이름을 빼고 본인의 글처럼 바꿨지만, 그렇게라도 많은 사람과 글을 나누는 그들에게 고맙다.

자기가 인터넷에 쓴 몇 줄의 글이 다른 곳에서 복제되고 있다며 분노하고, 복제한 포스팅을 증거로 캡처하고 버릇을 고쳐 놓기 위해 고소하겠다는 사람도 있다. 그것도 분명 필요한 행동이다.

하지만 나는 그런 글을 발견하면 상업적으로 이용하지 않는 이상 쪽지나 비밀 댓글로 "이거 제 글입니다."라고 적고 잊는다. 그리고 분노보다는 감사의 감정을 선택한다. 내가 분노를 선택하지 않는 이유는, 가슴을 따뜻하게 만들어 줄 수 있는 영혼만이 행복을 나눌 수 있다는 사실을 알고 있기 때문이다.

'나는 글을 쓰는 사람이 아니라 영혼을 나누는 사람이다.'

며칠 전, 차가 꽉 막힌 도로에서 아주 가벼운 접촉 사고가 났다. 20대 남성이 타고 있던 차가 뒤에서 내 차를 '톡' 건드린 가벼운 사고였다. 걱정이 가득한 눈빛으로 내 앞에 선 그에게 나는 이렇게 말했다.

"너무 걱정하지 마세요. 일부러 그런 것도 아닌데요. 차에 흠집이

나긴 했지만 티도 나지 않을 정도네요. 별일 아니니까 전화번호만 교환하고 헤어지죠. 별일 없을 테니 걱정하지 마세요."

내가 마음이 착해서 그를 그냥 보내 준 걸까?
아니다.
나는 '분노' 대신 '행복'이라는 감정을 선택한 것뿐이다. 물론 운전할 때 분노하지 않고 내 마음을 제어하는 건 굉장히 어려운 일이다. 나도 지난주에야 내 마음을 제어하는 방법을 찾을 수 있었다.

그때도 마찬가지였다. 비가 오는 날 차가 꽉 막힌 도로에서 브레이크를 조금 늦게 밟아 그만 앞차를 '툭' 건드리고 말았다. 나는 좀 더 조심히 운전하지 못한 나 자신을 자책하며 문을 열고 나갔다. 그런데 내가 "죄송합니다."라는 말을 꺼내기도 전에 앞차에서 나온 60대 남성이 이렇게 말했다.
"너무 걱정하지 마세요. 일부러 사고를 낸 것도 아니잖아요. 별일 아니니까 전화번호만 교환하고 가요. 덕분에 이렇게 잠깐 쉬면서 담배 한 대 피울 여유가 생겼네요."

그는 오히려 불안한 내 마음을 걱정하며 여유롭게 웃었다. 그 모습에 그를 바라보는 내 마음마저 편안하고 행복해졌다. 나는 그에게 받은 마음을 며칠 전 내 차를 박은 20대 청년에게 그대로 전했을 뿐이다. 아마 그 청년도 같은 일을 겪는다면 내가 한 것처럼 걱정하는 사람을 위로하고 행복을 전할 것이다.

이유는 간단하다.

분노하거나, 고소하거나, 미워하기보다는 '행복'이라는 단어를 선택하는 게 얼마나 아름다운 일인지 알게 되었으니까.

짧은 기간 동안 두 번이나 접촉 사고가 나서 스스로 분노에 빠질 수도 있었지만, 결국 나는 행복을 선택한 덕분에 그 사이 영감을 받아 글도 쓸 수 있게 되었다.

'아, 나는 내 삶이 참 행복하다.'

행복은 세상에 널려 있다.
그리고 내가 행복하면
세상도 행복해진다.
오늘도 감사할 게 많은
참 행복한 하루다.

| 행복을 위한 충고 · | 왜 너는 자꾸 멀리만 가려 하느냐? 보아라, 좋은 건 늘 가까이에 있다. 다만 네가 잡을 줄만 알면 |

행복은 언제나 거기 있나니!

괴테의 〈충고〉라는 글이다.

행복은 언제나 지금 이 순간에 충실한 자만이 가질 수 있는 특권이다. 우리가 행복을 느끼지 못하는 이유가 바로 여기에 있다. 지금 이 순간이 아닌, 언제 올지 알 수도 없는 내일을 위해 오늘을 희생하는 삶을 살기 때문이다. 오늘 행복하지 않으면 내일도 행복할 수 없다. 행복은 갑자기 찾아오는 복권이 아니다. 지금 여기서 잡을 수 없는 것 같으니 자꾸 다른 곳을 기웃거리며 행복이 어디에 있는지 찾아만 다니는 삶에서 벗어나라.

괴테는 행복을 추구했기 때문에 행복한 삶을 살았던 게 아니라, 현재에 충실했기 때문에 눈앞에 있는 행복을 잡을 수 있었던 것이다. 알 수 없는 미래에 충실하지 말고, 지금 당장 붙잡을 수 있는 현재에 충실하라. 우리는 자꾸만 순서를 바꿔 행복을 먼저 잡으려고 하기 때문에 불행한 삶을 살게 된다.

10 품격

범접할 수 없는
수준으로의 진화

별처럼 빛나는 삶을 살기 위해

2014년 7월, 강원도 특수 구조단 소속 소방 헬기가 광주 도심에 추락했다. 수색 작업을 지원한 소방관들이 타고 있었는데, 3일 동안 수색 작업을 하고 복귀하던 중 이륙한 지 5분 만에 추락한 것이다.

형체를 알아볼 수 없을 만큼 부서진 헬기, 그리고 추락한 자리에 생긴 깊이가 1미터 넘는 구멍을 보면 당시 상황이 얼마나 끔찍했는지 짐작할 수 있다. 문제는 이런 큰 사고가 도심에서 일어났다는 사실이다. 얼마나 많은 인명 피해가 발생했을까? 그런데 놀랍게도 헬기는 인구가 밀집한 곳에 추락했지만 근처를 지나던 여고생 한 명이 부상을 당했을 뿐 다른 피해는 전혀 발생하지 않았다.

하늘이 도왔을까?

기적은 없었다.

피해가 적었던 이유는 헬기 기장이 끝까지 사람이 없는 인도로 추락을 유도했기 때문이었다. 놀랍게도 기장은 추락하는 와중에도 시민에게 피해를 주지 않기 위해 조종대를 놓지 않고 앞을 주시했다. 자신의 죽음 앞에서도 타인의 생명을 배려한 것이다. 결국 헬기에 탄 다섯 명의 소방관은 모두 사망했지만 시민의 안전은 지킬 수 있었다.

죽음에 맞서는 일이 있더라도 한 명의 시민을 구하려는 그들의 숭고

한 마음이 그대로 전해진 사고였다. 게다가 내가 감동한 또 다른 이유가 있다. 기장의 집 식탁 위에는 이런 글귀가 적힌 종이가 붙어 있었다.

〈어느 소방관의 기도〉

신이시여, 제가 부름을 받을 때는
아무리 강력한 화염 속에서도
한 생명을 구할 힘을 저에게 주소서

너무 늦기 전에
어린아이를 감싸 안을 수 있게 하시고
공포에 떨고 있는 노인을 구하게 하소서

저에게는 언제나 안전을 기할 수 있게 하시어
가냘픈 외침까지도 들을 수 있게 하시고
신속하고 효과적으로 화재를 진압할 수 있게 하소서

업무를 충실히 수행케 하시고
최선을 다할 수 있게 하시어
모든 이웃의 생명과 재산을 보호하고 지키게 하소서

그리고 신의 뜻에 따라
제 목숨을 잃게 되면
신의 은총으로
제 아내와 가족을 돌보아 주소서

이 시는 1958년 미국의 소방관 스모키 린이 출동한 현장에서 세 어린아이를 구출하지 못하고 귀가한 후, 안타까운 마음으로 책상에 앉아 쓴 것이다.

생전에 기장은 이 글을 가족에게 읽어 주며 이렇게 말했다.
"내가 집에 돌아왔을 때는 최선을 다해 가족을 지킬 것이다. 하지만 내가 밖에서 소방관 일을 수행할 땐, 미안하지만 가족보다 그들의 목숨을 구하는 게 우선이다."

- 우리나라 소방관은 지방직이라 국가직으로 전환되는 것이 소원이다.
- 낡은 소방차가 많고, 소방복도 모자라 화재 진압을 한 후 새 소방복으로 갈아입지도 못한다.
- 이번에 헬기가 추락해서 다음 헬기로 교체될 때까지 2년의 시간이 걸린다.
- 전국에 소방관 혼자서 근무하는 소방서가 81개다.

소방관들은 정말 최악의 환경에서 일하고 있는 셈이다. 하지만 그들은 현실에 대한 변명과 핑계를 대기보다 자신이 맡은 일을 완벽하게 수행하는 데 최선을 다했다. 세상에서 가장 아름다운 인생을 사는 방법은, 상황에 대한 핑계를 대지 않고 묵묵히 자신의 일을 하는 것이다.

 많은 사람이 내게 이런 푸념을 늘어놓는다.
 "세상은 묵묵히 자신의 일을 하는 사람을 알아주지 않는 것 같아요. 세상은 그런 사람을 이용하려고만 들고, 게다가 그렇게 산다고 누가 알아주는 것도 아니잖아요."
 그럼 나는 이렇게 답한다.
 "당신이 얼마나 최선을 다해 정직하게 살고 있는지 아무도 몰라줘도 당신은 알고 있잖아요. 그거면 충분합니다. 소중한 건 남의 평가가 아니라 당신 자신의 평가니까요."

 '세상의 부조리를 바꾸는 사람은 그것에 항의만 하는 사람이 아니라, 그럼에도 불구하고 묵묵히 일하는 사람이다.'

 물론 묵묵히 자신의 일을 하기란 쉽지 않다. 수많은 힘든 순간을 견디고, 오랜 시간 땀으로 빛나는 하루를 보내야 한다. 하지만 힘들 때마다 〈어느 소방관의 기도〉를 읽어 보길 바란다.

누군가의 인정을 받으려 하지 마라.
내 일에 최선을 다한다는 게
얼마나 아름다운 일인지
그 누구보다 내가 잘 알고 있으니까.
나를 감동시키고
내게 충실한 사람은
반드시 별처럼 빛나는 존재가 될 테니까.

독서는 내가 아니라 세상을 바꾸려는 강력한 열망이다

혹시 밸런타인데이에 대해 정확히 알고 있는가?

밸런타인데이는 경영난으로 폐업 위기에 놓인 일본의 한 초콜릿 회사에서 회사를 살릴 마케팅의 한 방법으로 만들어 낸 이벤트였다. 이것이 서구로 번지면서 그들의 문화에 맞게 각색되고 다듬어져 오늘날의 밸런타인데이가 된 것이다. 심지어 화이트데이는 밸런타인데이 때 팔지 못한 재고를 처리하기 위해 만든 날이다.

여기, 우리가 기억해야 할 사람이 있다!
안타깝게도 한국인이라면 2월 14일에 반드시 기억해야 할 한 사람이 잊혔다.

'2월 14일은 안중근 의사의 사형 선고일이다.'

사람들이 많이 이용하는 포털사이트에 초콜릿에 관한 이야기는 있어도 안중근 의사에 관한 이야기는 눈에 띄지 않는다. 안중근 의사가 일본인에게 사형 선고를 받은 굴욕적인 날에 우리는 어이없게도 일본인이 상술로 만든 밸런타인데이를 즐기고 있는 셈이다.

내가 가장 존경하는 위인은 안중근 의사다. 그는 진정한 독서가란 어떤 식으로 생각하고 행동해야 하는지 내게 분명히 알려 주었다. 책을 읽은 사람이 나아가야 할 길을 그를 통해 알게 되었다. 그는 자신이 읽은 책을 통해 의를 지키고, 나라를 사랑하고, 효도를 실천하는 길을 찾았다.

1905년 을사조약이 체결되는 것을 보고 독립운동에 투신한 그는, 1909년 10월 이토 히로부미를 하얼빈 역에서 사살하고 하얼빈 총영사 가와카미 도시히코와 비서관 모리 타이지로에게 중상을 입힌 다음, 태극기를 꺼내 들고 '대한민국 만세'를 외치다 현장에서 체포되었다. 중요한 건, 그가 잡히면 무조건 사형이라는 사실을 알면서도 도망가지 않았다는 사실이다. 오히려 그는 누구나 자신을 알아볼 수 있게 아주 큰 소리로 '대한민국 만세'를 외치기까지 했다.

그의 곧은 삶의 원칙은 형장을 지키던 일본인 간수들도 인간적으로 안중근을 존경하게 만들었다. 그가 죽는 걸 안타까워했던 간수들은 쉽게 도망갈 수 있도록 일부러 여러 차례 자리를 비우기도 했지만, 그는 끝내 도망하지 않음으로써 죽음과도 바꾸지 않는 삶의 원칙을 그들에게 보여 주었다.

그리고 사형장으로 출발할 때, 평소 안중근 의사를 존경하던 일본인 간수가 한 말씀 듣고 싶어 하니, 그는 자기 옷을 찢어 '爲國獻身 軍人本分(위국헌신 군인본분)'이라는 글을 써 주었다. 간수와 그의 부인은 안중근 의사의 유묵을 소중히 간직하고 치성을 올려 공양했다. 마음 깊은 곳에서 존경하지 않으면 할 수 없는 정성을 쏟은 것이다.

마지막에 사형 집행인이 그에게 물었다.
"죽기 전에 소원이 있으면 말하라!"
집행인의 말에 그는 1초의 망설임도 없이 이렇게 말했다.
"5분만 시간을 주십시오. 읽던 책을 아직 다 읽지 못했습니다."
보통 집행인이 마지막 소원을 말하라고 하면 대부분의 사형수들은 벌벌 떨면서 아무 말도 하지 못하거나, 살려 달라고 애원을 하거나, 담배나 음식 등 평소 자신이 좋아하던 것을 즐기고 싶다고 부탁한다.
하지만 안중근 의사는 자신의 말대로 5분간 책을 읽은 뒤 집행인에게 '고맙다'는 말을 남기고 세상을 떠났다.

이런 게 바로 진정한 독서가다.

독서는 어떤 목적이 있거나 시간이 날 때 하는 게 아니라 숨 쉬듯 하는 것이다. 누군가가 코와 입을 막아 숨을 못 쉬게 하면 어떻게든 숨을 쉬겠다는 강렬한 의지가 생긴다. 독서란 그런 강렬한 의지로 하는 것이다. 마지막 죽는 날까지 책을 읽고 싶다고 말한 안중근 의사처럼.

그는 사형 선고를 받고도 당당히 이렇게 외쳤다.
"나는 단순히 우리 한국의 독립을 위해 그를 쏜 것이 아니라 일본을 위해서, 세계의 평화를 위해서 그를 쏘았다. 나는 전혀 내 행동이 부끄럽지 않고 후회하지 않는다."

우리는 모두 '나라를 위해 열심히 일하는 사람', '세계 평화를 위해 무언가를 할 수 있는 사람'이 되겠다는 목표로 독서를 해야 한다.
위대한 자는 위대한 독서를 한다.
그리고 위대한 꿈을 꾼다.
결코 자신의 안위를 위한 시시한 독서를 하지 않는다.

진정한 겸손함이 주는 품격에 대하여

사회생활을 하다 보면 '겸손'이라는 덕목을 어른의 자격 중 하나인 것처럼 생각하는 사람이 많다는 걸 느끼게 된다.

그들은 입버릇처럼 이런 말을 되풀이한다.

"저는 많이 부족합니다."

"과찬이십니다. 한참 멀었습니다."

그런데 난감한 건, 말은 겸손하지만 표정은 겸손을 연기하는 느낌이 강하게 느껴지는 사람을 만날 때다. 그들은 마치 겸손에 대한 보답을 바라는 듯한 표정으로 나를 바라본다.

나는 애써 겸손하려고 노력하지 않는다.

그게 노력으로 되는 일도 아닐뿐더러,

진짜 겸손이란 말로 전해지는 것도 아니기 때문이다.

서툰 겸손을 연기할 바엔

차라리 내가 가진 모든 것을 자랑하는 게 좋아 보이고,

현실을 알 수 있으니 자기 발전에도 도움이 된다.

나는 이렇게 생각한다.

'저는 겸손할 만큼 대단하지 않습니다.

지금 하는 것과 이룬 것을 모두 자랑해도 여전히 부족합니다.'

최근에 산악인 엄홍길 대장의 이야기를 담은 영화 〈히말라야〉를 보았다. 영화를 2년에 한 편 정도 보는 내 입장에선 그래도 제법 까다로운 기준으로 선택한 영화다.

같은 영화를 봐도 느끼는 감정이 모두 다르다. 내가 느낀 건, '인간은 언제나 자신의 한계 앞에서 모든 것을 발가벗긴다'는 사실이다.

언젠가 엄홍길 대장을 만나 이야기를 나눈 적이 있다.

그는 내게 이렇게 말했다.

"저는 산을 정복한다는 표현을 쓰지 않습니다. 산이 허락해 주면 잠시 다녀올 수 있는 겁니다."

평생 사랑한 산을 대하는 그의 극진한 마음이 느껴지는 최고의 겸손한 표현이다. 하지만 극한의 환경을 이겨 낸 그이기에 할 수 있는 말이기도 하다.

우리는 말로는 겸손하지만 극한의 상황에서 돌변해 누구보다 포악해지는 사람의 모습을 자주 목격한다.

이유는 간단하다.

말로는 누구나 겸손할 수 있지만 삶으로 겸손해지기는 힘들기 때문이다. 엄홍길 대장은 진짜 겸손이 무엇인지 내게 알려 줬다. 비록 나를 대하는 그의 목소리는 거칠고 무뚝뚝했지만, 그는 내가 만난 최고의 겸손한 사람이었다.

당신의 삶은 어떤가?

상상도 할 수 없는 인생 최악의 순간,

비로소 나조차 몰랐던 나의 민낯과 마주하게 된다.

오직 나만 살기 위해서,

누군가의 고통은 신경도 쓰지 않는,

나의 숨겨 둔 본성을 알게 된다.

하지만 말이 아닌 삶으로 겸손한 사람은 아무리 최악의 순간을 맞이해도 평정심을 유지한다. 그리고 말이 아닌 삶으로 그 평온한 마음을 보여 준다. 내 몸에 난 상처보다 타인의 상처에 아파하며, 내 가난보다 세상의 가난을 먼저 생각하고 가슴 아파한다.

진짜 겸손한 사람은 스스로 말하지 않는다.

겸손은 말이 아니라 삶으로 전해지기 때문이다.

가장 어두운 곳에서도 세상을 밝게 빛내는

인간이 도달할 수 있는 최고의 품격은

삶을 통해 전해지는 겸손에서 나온다.

**진짜
명품 인생** | 최근 짝퉁 옷을 중국에서 들여와 진짜 명품 옷이라고 속여 판 사람들이 붙잡혔다. 명품 옷에 대한 환상을 가진 수만 명이 짝퉁 옷에 속아 넘어가 그들은 수십억을 벌었다. 그런데 그들이 실제 판매한 옷은 겉보기에는 유명 브랜드 제품 같지만, 자세히 보면 세탁 라벨 맞춤법도 틀

린 상당히 조잡한 상품이었다.

라벨에 쓰인 맞춤법조차 틀린 조잡한 옷을 명품인 줄 알고 구입한 몇 만 명의 사람들.
왜 그런 어처구니없는 일이 일어난 걸까?
답은 간단하다.
브랜드만 보는 사람에겐 다른 건 아무것도 보이지 않는다. 상황을 판단할 여유와 능력이 그들에겐 없다. 그들이 입은 옷의 명품 브랜드 로고가 그들의 유일한 자존심이기 때문이다.

물론 나도 명품을 입는다.
하지만 내가 명품을 선택한 이유는 단지 옷 자체에 끌렸기 때문이지 결코 브랜드 때문이 아니다.

중학교에 다닐 때부터 나는 그랬다.
하루는 어머니가 철물점에서 운동화를 사 오셨다. 한참 유행하던 'Nike'의 짝퉁인 'Noke'라는 상표를 달고 있는 운동화였다.
강남 한복판에 있는 중학교에 다니는 사춘기의 학생. 아마 다른 아이들이었다면 가난한 게 들통날까 봐 차라리 맨발로 걸어 다니지, 절대 그 운동화를 신고 다니지 않았을 것이다.
하지만 나는 당당하게 신고 다녔다. 심지어 친구들에게 "이거 철물점에서 산 만 300원짜리 운동화야. 그런데 제법 멋지지 않니?"라고 자랑하기도 했다.

당시 구입한 5만 원짜리 코트도 팔이 짧아져 입은 모양새가 약간 이상해도 단벌 코트인 그 옷을 3년 내내 입고 다녔다.

지금도 나는 만 원짜리 운동화와 3만 원짜리 외투를 입어도 모델이 무대를 걷는 것처럼 당당하게 걷는다. 옷과 신발은 '나라는 명품을 감싼 '소품'에 지나지 않기 때문이다.

소품에 집착하지 마라.
당신이 보여 주고 싶은 건 무엇인가?
누군가 만든 브랜드인가,
아니면 당신이라는 브랜드인가?

당신의 삶은 당신이 주도하라.
많은 사람이 명품 인생을 살아야 한다고 말하며 돈과 명예를 강조한다.
하지만 그건 명품 인생이 아니다.

'진짜 멋진 명품 인생이란, 자신이 어제 보낸 하루에 자신감을 갖는 삶이다.'

생각만 해도 가슴이 두근거릴 정도로 뜨겁게 보낸 당신의 하루가
당신을 명품으로 만든다.

지금 이 순간
쓸데없는 껍데기를 던져 버리고
당신의 하루가 빛나게 하라.

당신의 삶을 결정하는 건
당신이 보내는 하루지,
결코 명품 껍데기가 아니다.

절대,
세상이 정한 가치를 받아들이지 마라.
당신의 가치를 세상이 받아들이게 하라.

**내 미래를 밝힐
위대한 한마디** | 저는 대단한 명예를 가진 분도, 엄청난 돈을 가진 분도, 일가를 이룬 예술가도 만나 봤습니다. 그들은 각각 사는 곳도 환경도 달랐지만, "왜 이렇게 열심히 살아오셨습니까?"라는 제 질문에는 같은 답을 내놨습니다.

과연 그들의 대답은 뭘까요?
- 인류의 평화를 위해서?
- 멋진 작품을 남기기 위해서?

그들의 대답은 예상 밖이었습니다.
"살기 위해서!"

어쩌면 실망스러울 수도 있습니다. 엄청난 대문호가, 위대한 예술가가 겨우 살기 위해 그렇게 열심히 살아왔다니!

하지만 저는 그렇게 생각하지 않습니다. 살고 싶다는 건 나를 사랑하고 있다는 가장 강력한 증거니까요. 그들은 자신의 삶과 일을 사랑하는, 자신만의 삶을 사는 사람들이었습니다. 결국 '살기 위해'라는 말은, 나를 성장시킬 무엇과도 바꿀 수 없는 뜨거운 에너지입니다.

저는 '살기 위해'라는 말보다 아름다운 말을 알지 못합니다. 오늘도 우리는 살기 위해 누구보다 열심히 뛰고 있으니까요. 세상에 그 무엇이 '살기 위해'라는 말을 대신할 수 있을까요?

그러니 그대여,
비록 지금은 지하철에서, 거리에서, 버스에서, 사무실에서 끝이 없을 것 같은 높고, 외롭고, 쓸쓸한 삶을 살고 있지만,

아직은 포기하지 말아요.

오늘도 '살기 위해' 시작한 나의 사소한 하루가 내 미래를 밝힐 위대한 내일의 시작이니까요.

그리고 기억하기로 해요.

'살기 위해'라는 마음만 갖고 있다면,

지금 내가 머물러 있는 자리가 세상에서 가장 빛나는 곳이라는 사실을.

'그대여, 빛나는 그대여.'

11 공부

무의미한 존재에서
모든 존재로의 성장

당신이 한 단계
성장하지 못하는 이유

오늘 새벽 눈 소리를 들었다.
숨을 쉬는 것마저 잠시 죽이고
귀만 살며시 창문에 기대어 보면,
빗소리와는 달리 가늘게 울려 퍼지며 소복거리는 소리가 들린다.

눈 소리를 듣고 싶다면 중요한 건 이것이다.
'아주 잠깐이라도 숨 쉬는 걸 참아야 한다.'

사는 것 또한 그렇다.
말하고 싶은 내 욕심을 조금만 참고
타인의 소리에 귀를 기울이면,
그제야 실처럼 가느다란 인생의 줄에 매달린,
내가 미처 짐작하지 못했던 타인의 슬픔이 깊게 느껴진다.

누구라도 자신의 슬픔이 가장 크기 마련이다.
누구라도 자신의 욕심이 가장 크기 마련이다.
하지만 세상에는
내 손 위에서 작은 입김의 열기에도 몸을 가늘게 떨며 사라지는 눈발처럼,
그렇게 아무도 모르게 조용히 숨을 거두는 사람이 있다는 걸 알아야 한다.

앞으로 걸을 땐 모른다.
멈춰도 모른다.
뒤로 걸어야 비로소 알 수 있다.
뒤로 걸으며 당신이 지금까지 지나온 길을 살펴보라.
당신이 발을 디딘 자리마다 허리가 꺾여 바닥에 드러누운 이름 모를 풀을 보며,
앞으로 걸을 땐 몰랐던 것들이 이제 당신의 눈에 보일 것이다.
당신을 앞으로 걷게 하려고 얼마나 많은 것들이 당신을 도왔는지.
세상이라는 그 험한 오르막에서 당신을 한 발 전진시키기 위해,
뒤에서 밀어 주고 앞에서 끌어 주는
그 소중한 사람들을 잊지 않고 더 사랑해야 한다.

물론 쉬운 일은 아니다.
한번 생각해 보자.
눈은 녹으면 흙과 섞여 흙탕물이 된다.
단지 역할이 바뀌었을 뿐인데, 우리는 전혀 다른 눈으로 흙탕물을 바라본다.
한때 순백의 아름다움을 자랑했던 눈을 이제는 치워 버려야 할 대상으로 바라본다.

'사람들은 보통 함께했던 사람이 지위를 잃거나 돈을 잃으면 그 사

람을 다르게 바라본다.'

사람에 대해 착각하는 사람이 많다.
세상에 위아래는 없다.
내 양옆으로 펼쳐진, 단지 나와 다른 일을 하는 사람이 있을 뿐이다.
그런데 사람들은 자꾸만 물질적으로 풍요롭거나 높은 지위에 있는 사람을 만나려고 한다.
그들의 목표를 오직 하나다.
"성장하고 싶어요!"

가끔 나도 그런 '성장에 목마른' 사람들에게 만나고 싶다는 요청을 받기도 한다.
먼 지방에서 무작정 찾아오겠다고 하는 사람도, 심지어는 외국에서 찾아오겠다는 사람도 있다. 하지만 나는 그들에게 이렇게 말한다.

"정말 성장하고 싶다면 나를 만나지 말고, 지금 당신을 있게 한 사람들을 만나 그들의 이야기를 들어 주세요. 그리고 그들의 손을 꼭 잡아 주세요. 당신은 아마 곧 느끼게 될 거예요. '내가 왜 이들을 만나야 하는지.' 그걸 느꼈다면 이미 당신은 성장한 거예요."

그 느낌을 모르면 당신은 아무것도 받아들일 수 없다.

《논어》와 《맹자》, 《장자》, 《사기》…… 이런 것들을 아무리 읽어도 당신은 성장할 수 없다.

구멍이 뚫린 쟁반에는 아무것도 담을 수 없기 때문이다.

당신이 받아들였다고 착각한 것들은 쟁반 밑으로 떨어질 것이다.

그리고 떨어진 것들은 지식이 아니라, 교만이라는 이름으로 당신에게 쌓일 것이다.

성장이란 간단하다.
자신이 걸었던 길을 잊지 않는 것이다.
함께했던 사람을 잊지 않는 것이다.
함께했던 사람이 힘들 때, 잡은 손을 더 꽉 잡아 주는 것이다.
성장은 사람을 통해 이뤄진다.
사람이 소중한 줄 모르는데 어떻게 성장할 수 있겠는가.

괴테처럼 시간을 창조하는 일곱 가지 방법

물리적으로 시간을 창조할 수는 없다. 시간도 결국 사라지는 소모품이다. 하지만 우리는 쓸데없는 일을 하는 데 보내는 시간을 줄임으로써 시간을 창조할 수 있다. 대문호 괴테는 보통 사람이 열 번을 살아도 할 수 없을 정도로 방대한 일을 단 한 번의 생으로 이뤄 냈다. 모든 재능을 가져도 시간을 제대로 쓸 수 있는 능력이 없으면 무용지물이다. 결국 괴테가 가진 가장 위대한 재능은 시간을 효율적으로 쓰는 능력이었다. 시간을 창조할 정도로 삶을 효율적으로 살았던 그의 일곱 가지 시간 활용법을 소개한다.

1. 남을 신경 쓰지 않는다

우리는 보통 어떤 말과 행동을 취할 때 주변을 의식한다. 하지만 괴테는 사는 동안 오직 자기 자신에게만 집중했다. 그는 알고 있었다. 이것저것에 신경 쓰는 사이 어느 순간 우리의 정신은 마비되어 버리고, 우리가 갖고 있는 위대한 것을 자유롭게 표현할 수 없게 된다.

2. 되도록 실패하지 말고 방황하지 마라

"실패는 성공의 어머니"라는 말이 있다. 하지만 정말 그 말이 사실이라면 세상에는 성공한 사람으로 가득할 것이다.

괴테는 이렇게 조언한다.

"젊은이들은 방황하거나 실패하지 말아야 한다. 자기가 걷는 길을 먼저 걸었던 사람의 충고를 통해 똑바로 걸어가야 한다. 한 걸음 한 걸음 그 자체가 그저 목적지로 가는 여정이 아니라 반드시 가치 있는 것이어야 한다."

3. 실행은 바로 지금이다

독서를 하지 않는 사람의 핑계는 시간 부족이다. 하지만 내가 볼 때 그들은 시간을 버리며 살고 있을 뿐이다. 시간이 10분밖에 나지 않으면 10분 동안 읽을 수 있는 책을 읽으면 된다. 10분 따위는 먼지처럼 사소한 시간이라고 말하지 마라. 그 10분 동안 먼지처럼 사소한 일을 처리하라. 가까이 다가가 보면 인생은 결국 사소한 것들의 합이다. 당신이 사소하다고 무시한 것들이 당신의 삶을 사소하게 한다.

4. 순리를 따르라

어떤 일을 조금 더 빨리 하고자 할 때 우리는 초조해진다. 일할 때 약간의 긴장은 필요하지만 지나친 초조함은 열 배의 벌로 돌아온다. 초조함으로 목표를 앞당기려 할수록 목표는 멀어질 뿐이다. 세상이 아무리 변해도 우리는 성장 과정을 순서에 따라 경험해 나갈 수밖에 없다. 바다처럼 넓은 글을 쓰려면 바다처럼 넓은 마음을 먼저 갖춰야 한다.

5. 휴식도 현명하게

괴테는 다양한 분야에서 평생 최고의 현역으로 살았지만 무리하지는 않았다. 창의적인 아이디어가 떠오르지 않고 생산성이 현격히 떨어질 땐 잡담을 하거나 낮잠을 자는 편이 낫다. 생산적이지 않은 날에 쓴 글은 나중에 읽으면 염증이 날 뿐이다. 인생은 길다. 뜨거운 열정으로 하루를 살되, 그 열기가 자신의 삶을 태워서는 안 된다. 건강해지기 위해 운동을 하지만, 반대로 생각하면 건강하기 때문에 운동할 수 있다는 사실을 잊으면 안 된다.

6. 나를 위한다는 마음으로 일하라

즐겁게 일하는 사람이 결국 최고의 결과물을 낸다. 그런데 많은 사람이 착각하는 게 있다. 나보다는 세상을 위한다는 마음으로 일하는 사람이 그들이다. 중요한 건 나 자신이다. 내가 서지 못하면 세상을 도울 수 없다.

괴테는 말한다.

"나는 자연과학에 관해 글을 쓰고 있다. 이는 내 글이 과학을 눈부시게 발전시킬 수 있다고 생각해서가 아니라, 오히려 내가 자연과학에 대한 즐거움을 맛볼 수 있기 때문이다."

과학의 미래를 생각하는 사람은 무거운 하루를 보낼 수밖에 없고, 즐거움을 느낄 수 없게 된다. 하지만 모든 목적이 나를 향하게 하면 즐거움이 따른다. 아무리 쉬운 일이라 할지라도 즐겁지 않으면 이룰 수 없다.

7. 하루를 대하는 마음가짐을 뜨겁게 하라

도박장에서는 가진 돈을 모두 건다는 의미의 '올인'이라는 용어가 쓰인다. 괴테는 언제나 지금 이 순간에 자기가 가진 모든 열정을 걸었다.

그가 평생을 뜨겁게 살았던 이유는 뭘까?

괴테는 이렇게 답한다.

"세상은 죽이나 잼으로 만들어져 있지 않다. 딱딱한 것들을 두려움 없이 씹어라. 목에 걸려 버리든가 소화해 내든가 둘 중 하나다."

자신의 가치를 높이는 법

최근 한 대기업의 고문을 지내는 분과 식사를 마치고 이동하던 중, 그가 내게 이런 이야기를 했다.

"제가 작가님을 인정하는 이유 중 하나는, 인맥과 환경이 그 사람의 삶을 결정하는 한국에서 이 정도 위치까지 오르셨다는 겁니다."

사실 나는 실패하기 쉬운 환경에서 자랐다.

아버지는 내가 일곱 살 때 돌아가셨고, 친가 쪽 친척들은 모두 외국으로 이민을 간 상태였다. 그야말로 비빌 언덕조차 없었다. 나는 아들이자 형이자 아버지 노릇을 모두 해내야 했다.

내가 이런 이야기를 하면, "작가님은 그나마 살 만했네요. 저는 더 어렵게 살았습니다."라고 말하는 사람이 많다. 나는 여기서 누가 더 가난하게 살았는지 경쟁하려는 게 아니다. 노력이 전부는 아니라는 말을 하고 싶은 거다.

인맥과 환경이 한 사람의 성장을 결정하는 한국 사회에서 내가 성장할 수 있었던 힘은 노력이 전부가 아니었다. 노력 없는 성공은 없지만, 분명 노력이 전부는 아니다.

플러스알파가 필요하다.

'매 순간 당신의 가치를 높여라!'

가치를 높이기 위해 가장 필요한 건 '관계에 대한 사색'이다.

내가 사회 각계각층의 사람들과 편안하게 만나 대화를 나누고 교류할 수 있는 이유는 아주 간단하다. 상대를 회장이나 연예인 혹은 교수로 바라보지 않고 그냥 '사람'으로 대하기 때문이다. 내가 만약 대기업 회장을 만나 그를 회장으로서 대한다면 당연히 대화하는 게 힘들어진다. 내 마음속에 잘 보이고 싶다는 생각이 스며들기 때문이다. '잘 보여서 뭐라도 얻을 게 없을까?'라는 생각만 하다 보면 대화에 집중하지 못하게 되고, 분위기는 자연스레 회장과 직원 관계가 된다. 회장 역시 마찬가지다. 회사에 직원이 엄청나게 많으니, 만나면 직원 느낌이 나는 사람을 굳이 또 만날 이유가 없다. 관계는 당연히 일회성으로 끝나게 된다.

물론 대단한 업적을 이루고 높은 자리에 앉은 사람을 만나 그들의 명성을 의식하지 않는 건 어려운 일이다. 그래서 나는 이런 사람을 만날 때마다 나 자신에게 질문을 던진다.

"내가 이 사람에게 줄 수 있는 게 뭐가 있을까?"

내가 받을 것에 집중하지 않고 반대로 '내가 줄 수 있는 게 무엇일까?'라는 질문을 던지면 대화가 자연스럽게 이어지고, 회장과 직원이 아니라 사람과 사람으로서 대화할 수 있다. 당연히 관계도 이어진다.

타인과의 관계는 누가 정해 주는 게 아니라 당신의 마음이 정하는 것이다. 당신이 누군가를 만나 힘들고 지친다면 상대가 아니라 자신의 마음가짐을 의심해 봐야 한다. 내가 힘들다는 건 내가 상대에게 무언가를 원하기 때문이다. 원하는 게 없다면 힘들 이유도 없다.
누군가에게 받은 것을 쌓아 돈과 지위를 사겠다는 마음으로는 절대 자신의 가치를 높일 수 없다. 그건 스스로 자신의 삶을 낭비하는 어리석은 행동이다.

당신은 '노블레스 오블리주'라는 말을 어떻게 생각하는가?
사전에 나오는 것처럼, 고귀한 신분에 따르는 도덕적 의무와 책임을 뜻한다고 생각하는가?
내가 어려운 사람을 돕자고 하면 대개 "저도 살기 힘들어요. 그리고 그런 건 부자나 정치인들이 해야 하는 일 아닌가요?"라고 답한다.
물론 맞는 말이다. 그들은 분명 그렇게 해야 할 의무가 있다.
하지만 우리는 아주 중요한 걸 잊고 있다.
부자와 지위가 높은 사람에게만 도덕적 의무와 책임을 강요한다면, 스스로 자신은 신분이 고귀하지 않고 가치가 떨어지는 사람이라고 인정하는 것 아닌가!

왜 스스로 자신의 가치를 낮추는가!

자신의 가치를 높이고 싶다면, 자신이 평범할수록 오히려 더 많은 사람을 돕고 사랑해야 한다. 세상에 고귀하지 않게 태어난 사람은 없다. 스스로 자신이 고귀하지 않다고 생각하는 사람만 있을 뿐이다. 높은 가치를 타고나지 않았다면, 높은 가치를 지닌 사람처럼 생각하고 행동하라. 그리고 당신의 가치를 당신의 생각과 행동에 맞춰 높여 나가라. 그게 자신의 가치를 높이는 가장 좋은 방법이다.

그리고 세상이 뭐라고 하든
스스로 자신의 가치를 떨어트리지 마라.
세상이 정하는 가치를 받아들이지 마라.
당신의 가치는 당신이 정하는 것이다!

전문가가 된다는 것에 대하여

10년 전인가 암 병동에서 이런 장면을 목격했다.

한 의사가 몰래 담배를 피우다 걸린 말기 암 환자를 다그쳤다.

"대체 담배를 왜 피우시는 거예요! 지금 생명이 위독하시다고요. 다시는 피우지 마세요!"

의사는 한숨을 쉬곤 밖으로 나갔다. 나는 화장실에 가려다 놀라운 장면을 목격했다. 건물 비상구로 가던 의사가 주머니에서 담배를 꺼내 피우는 것이었다. 환자에게는 피우지 말라고 한 담배를(당시는 건물에서 흡연이 가능했던 시절이다).

세상에는 자신의 의견을 주장하는 수많은 사람이 있다. 작가와 강연가 역시 마찬가지다. 말로만 이게 바로 나의 멘티가 성장하는 방법이라고 하지 말고, 다른 사람을 그만 좀 괴롭히고 자신이 주장하는 그 방법으로 자신이 성장하는 모습을 보여 줘야 한다.

최근 한의사 한 명이 피트니스 대회에 출전한 자신의 탄탄한 근육질 몸매를 공개했다.
그녀는 그 이유에 대해 이렇게 말했다.
"요즘 전문가들은 이론적인 부분은 강한데 실전으로는 안 보여 줘요. 환자분들이 못 미더워하셔서 말만이 아닌 몸으로 보여 주려고 시작했어요."

말로는 누구나 할 수 있다.
하지만 실천하지 못하는 말은 허망하다. 전문가임을 증명하는 자격증은 시험 성적이 주는 게 아니라 삶이 주는 것이다. 기관이 떼어 주는 자격증이 아니라 자신의 삶이 떼어 주는 자격증을 받았을 때 비로소 우리는 전문가가 되는 것이다.

　최근 올바른 방법으로 음식을 만드는지 검증하는 방송 프로그램이 인기를 끌고 있다. 그런데 방송을 보면 기준을 통과해 선정된 식당은 대개 처음엔 자신을 공개하기를 꺼려 한다. 그들의 이유는 한결같다.
　"내가 올바른 방식으로 음식을 만드는 걸 내가 알고 있고 단골이 알고 있기 때문에 굳이 방송에 알릴 이유가 없습니다. 그리고 이게 뭐 특별하다고? 저는 그냥 제가 아는 대로 만들었을 뿐입니다."

　전문가가 되는 방법은 아주 간단하다.
　당신이 당연하다고 생각하는 일을 아무 의심 없이 반복하면 된다. 그렇게 쌓인 시간이 마침내 당신에게 전문가임을 인정해 주는 자격증을 선물해 줄 것이다. 평범한 날을 반복하면 반드시 특별한 날이 온다. 그날은 바로 당신이 전문가가 되는 날이다.

멘토는 없다 | 네게 할 말이 하나 있어.
자기 계발이란 말 그대로 자기를 계발하는 게 목적인데, 너는 왜 남의 방법으로 남이 가던 길을 가려고 하는 거니?
　멘토가 시키는 일이라고?

요즘 세상에는 스스로 멘토를 자처하는 사람들 천지더라.

나는 그들의 수법을 잘 알아.

그들은 대부분 자신을 찾아온 사람들에게 먼저 이렇게 말해.

"나는 좀 비싸. 네가 함부로 만날 수 있는 사람이 아니야. 네가 한 번 하는 거 보고 평가할게. 그리고 나를 만나려면 언제나 내가 오라는 장소에 딱 시간에 맞춰 와. 니네 집에서 너무 멀다고? 그런 건 상관없어. 나는 너의 편의를 봐주지 않아. 세상은 원래 그런 거야. 그리고 내가 시키는 것 좀 일단 해 봐. 일을 잘 처리하는지 보고 판단할게. 너무 불가능한 일이 아니냐고? 그럼 가 봐. 너 같은 애는 주변에 널렸어. 아, 이번에 내가 강연을 하는데 너에게 도움이 될 거야. 참, 참가비는 하루에 20만 원이야. 카드도 되는 거 알지?"

그들은 대개 사람들이 자신을 추종하게 만들고 살살 꾀서는, 자신이 하고 싶은 일을 굉장히 아름답게 포장해서 그들이 대신 하게 만들어. 힘든 건 그들이 다 하지만 부와 명예는 멘토 혼자 다 가져가는 거지. 그러면서도 도덕성까지 겸비했다는 평가를 받아.

이게 불가능할 것 같지? 인문서 조금만 읽으면 사람들을 현혹해서 세상의 중심에 서는 법 정도는 쉽게 습득할 수 있어. 그들은 결국 그들 자신을 위해 살고 있는 거야.

지금 너의 멘토를 의심해 봐.

너의 멘토는

네가 어떤 일을 할 때 웃으며 즐거워하고,

지난날 어떻게 살아왔고,

좋아하는 음악이 무엇인지,

어디 아픈 데는 없는지,

이 모든 것을 다 알고 있니?

멘토가 왜 그런 것까지 알아야 하냐고?

멘토는 상대를 행복하게 만들어 주는 일을 하는 거니까.

행복하게 만들어 주려면 그 사람이 무엇을 좋아하는지 알아야 하니까.

그게 진짜 사랑이니까.

사랑하지 않는,

성숙하지 않은 사람의 멘토링은 한 사람의 삶을 파괴하는 폭력이니까.

너답게 살아간다는 것.

비로소 네가 되는 그 길에서 망설이지 마.

누군가 "이 길로 가는 게 좋아. 내 충고를 듣는 게 좋을 거야."라고 말해도, 그 사람이 너를 진짜 사랑하는 성숙한 멘토가 아니라면 무시하고 그냥 너의 길을 가렴.

가장 좋은 멘토는

어제 넘어진 너의 경험이야.

잊지 마.
너는 네 삶의 주인공이야.
왜 조연이 하는 말을 들으려 하니!
왜 너에게 털끝만큼도 애정이 없는 엑스트라가 하는 말에 귀를 기울이니!
지금 너에게 그렇게 인생을 낭비할 시간이 어디 있니.

네가 주인공이 되어 너만의 방법으로 살아야 해.
시장에서 떡볶이를 파는 게 창피한 일이 아니라,
다른 사람과 같은 방법으로 파는 게 창피한 거란 사실을 깨달아야 해.
너의 방법을 찾아 너만의 스타일로 팔아야지.

그래서 인문서를 읽고 있다고?
인문서가 삶을 바꿔 준다고 야단이더라.
멘토가 시키는 대로 인문서 100권을 읽었다고?
그래서 뭐가 좀 변했니?
멘토가 말하길, 그렇게 쉽게 변화되는 게 아니라고?
네 안에 사랑이 부족한 거라고?
웃기고 있네.
솔직하게 말해서,
네가 아무리 인문서를 읽어도 너의 삶에 변화가 없는 이유가 뭔지 알고 있니?

  살아오는 동안 단 한순간도 너의 인생을 살았던 적이 없기 때문이야. 남들이 가는 길을 남들처럼 가려는 노력으로만 점철된 인생이기 때문이야.

  인문서는 모두 철저하게 자신의 길을 걸어온 사람들이 쓴 책이야. 남을 따라 하기에 급급한 사람이 그 책을 진실로 이해하고 받아들일 수 있을까?

  작가의 삶과 생각과 심장이 뛰던 삶을 제대로 느낄 수 있을까?

  아마 너는 늘 그랬듯 또다시 그들의 삶을 흉내 내려고만 할 거야.

  따라 하면 될 것 같니?

  언제까지 똑같은 떡볶이를 같은 방법으로 팔 거니?

네 인생의 최종 목표는
네 자신을 만드는 거지,
남을 따라 하는 게 아니야.

먼저 너의 이름이 적혀 있는 의자를 찾아.
그리고 거기에 앉아 네가 주인공이 되렴.
당장은 힘들어도 바로 너니까 살 수 있는 삶을 살아.
그게 너를 아주 오래도록 행복하게 만들어 줄 거야.

12 마음

마음의 시중을 드는
가련한 삶에서 벗어나기

내 감정의 주인으로
살기 위해

지난 한 해를 돌아보면
과분한 사랑을 받기도 했지만,
온갖 비판과 미움을 받기도 했습니다.

누구나 마찬가지겠죠.
내가 어떤 말과 행동을 해도
곧이곧대로 받아들이지 않고
무조건 나를 비판하거나
이유 없이 미워하는 사람이 있습니다.
물론 그들은 나름의 이유를 들어 나를 비판합니다.

하지만 그럴 때마다 우리는
나쁜 사람이 되기도 싫고
미움을 받는 사람이 되기도 싫어서
그들의 마음을 돌리려고 애를 씁니다.
하지만 대부분 실패하고
오히려 마음에 더 많은 상처를 받게 됩니다.

그럴 땐
세상에 나를 좋아하는 사람이 열 명이면
나를 싫어하는 사람도 열 명이라는 조언도

큰 도움이 되지 않습니다.
정말 화가 많이 날 때는
타인에 대한 증오만 가득해지니까요.

나를 비판하는 사람의 마음을 돌리거나
그들의 인정을 받으려 하지 마세요.
타인의 비판으로부터 자유를 얻고 싶다면
내게 주어진 일을 더 열심히 하면 됩니다.
상대가 미워질수록
내게 집중하고,
나를 더 사랑하세요.
그게 비판을 가장 긍정적으로 받아들이고,
나와 세상을 아름답게 하는 방법입니다.

그리고 기억하세요.
타인의 비판에 반응하며
마음에 미움을 키우는 사람은
내 삶을 사는 사람이 아닙니다.
내 삶을 사는 사람은
누가 나를 비판하고 미워하더라도
증오가 아닌 사랑을 키웁니다.

지금 누군가 나를 미워하고 비판한다면,
지금이 바로 내게 더 뜨거운 사랑을 줄 때입니다.

잊지 마세요.
미움은 타인의 감정이고,
사랑만이 나의 감정입니다.

"나는 내 감정의 주인입니다."

세상에 내 진심을 전하는 유일한 방법

앞으로 강사가 되는 게 꿈이라는 학생에게, "내 강의 시작 전, 앞에 나가서 5분 정도 너의 이야기를 해 볼래?"라고 하자 학생은 손사래를 치며 이렇게 반응했다.

"제가요? 아직은 떨려서 못하겠어요, 작가님."

최대한 격려하면서 "진심을 전하면 돼."라고 몇 번이나 말했지만, 그를 무대로 세우는 데 실패하고 말았다.

나도 처음엔 그 학생과 마찬가지였다.

100여 명이 넘는 교육생 앞에 서게 된 첫 강연 대기실에서 나는 정말 스스로 걱정이 될 정도로 떨고 있었다. 강연 5분 전, 이대론 도저히 강연할 수 없다고 생각한 나는 떨고 있는 내 마음에 이렇게 명령했다.

"그냥 나가서 떠는 모습을 보여 주자. 초보는 초보다울 때 가장 아름다운 거 아니겠어!"

그런데 떨겠다고 결심하고 무대로 나가니 이상하게 떨림이 멈췄고, 비교적 성공적으로 강연을 마칠 수 있었다.

초보는 초보다움을 보여 줄 때 가장 아름답고 멋지다. 우리는 대개 초보이기 때문에 실수하고 떨리는 게 아니라, 초보임을 감추려고 애쓰다 실수하게 되고 그게 떨림으로 이어질 가능성이 크기 때문이다.

"관객의 박수를 받으려고 하지 말고, 그간 쌓아 온 내 인생에 박수를 치며 무대로 나가면 된다. 지난날 쏟은 모든 노력이 나를 응원해 주니까 그것만 믿으면 된다."

내가 첫 강연에서 떨리지 않았던 이유는, 노력은 절대 나를 배신하지 않는다는 아주 평범한 진리가 내 몸속에서 피가 되어 뜨겁게 돌고 있었기 때문이다.

"치열한 내 지난날의 노력에서 그들이 진심을 느꼈기 때문이다."

많은 사람이 주변 사람들에게 진심을 전하려고 한다. 대상이 고객이든, 가족이든, 연인이든 관계는 아주 다양하지만 진심을 전하는 방법은 딱 하나다.

"상대방의 마음을 울리는 진심은 내가 보낸 세월의 깊이를 전하는 데서 시작한다."

2013년 발레리나 강수진 프로젝트를 진행하던 중 그녀에게 이렇게 물었다.

"간혹 나태해질 때도 있으실 텐데, 그럴 땐 어떻게 하시나요?"

사실 인터뷰를 진행하면서 "지난 30년 동안 적게는 하루에 열다섯 시간, 많게는 열아홉 시간 이상 연습을 지속했다"는 그녀의 말을 믿기 힘들었다. 그럼 취미 활동도 즐기지 않았다는 건가? 도대체 어떤 힘이, 어떤 근원적인 이유가 그녀로 하여금 그렇게 치열하게 살아갈 수 있게 했을까?

나는 내심 그녀의 반응을 이렇게 예상했다.

"수영을 하든 골프를 치든 취미 활동을 즐기며 무료한 시간을 보냅니다."

하지만 그녀의 대답은 그녀의 일상만큼이나 단호했다.

"나태해질 때가 없는데요. 전 한순간도 나태한 적이 없어요. 기본적으로 인간에겐 나태할 자격 자체가 없습니다. 인간이라는 무한한 능력을 갖춘 존재가 나태해지면 안 되죠. 나태해지지 않는 것은 자신의 삶에 대한 최소한의 예의입니다."

'역시 그녀!'라고 할 수밖에 없는 대답을 들으며 나는 생각했다.

'나태함을 거부하는 치열한 하루가 쌓이고 쌓여서 관객을 울고 웃게 하는 진심이 만들어지는 거구나.'

간혹 강수진의 이야기를 전하면 "그렇게 열심히 살아야 할 이유가 있을까요? 가끔은 여유롭게 살아야죠."라고 말하는 사람도 있다. 하지만 나는 휴양지에서 한가로운 시간을 즐기는 사람도 여유로운 삶이지만, 관객에게 진심을 전하기 위해 30년 내내 자신을 몰아세운 사람도 마찬가지로 자신의 시간을 멋지게 즐기며 사는 거라고 생각한다.

"세상에 진심을 전하는 것보다 소중한 일은 없으니까."

강수진이니까 할 수 있는 일이라고 생각하지 말자.
그녀가 가능하다면 나도 가능하다.
일에는 초보자가 있을 수 있어도
진심에는 초보자도 경력자도 없으니까.

"진심의 경력을 결정하는 건,
오늘을 사는 내 마음이 하는 일이니까."

지친 삶을 치유해 주는 마음의 힘은 어디서 오는가

각종 SNS를 보면 정말 아름답고 좋은 말이 쌓여 있

는데, 이상하게 세상은 더 팍팍해지고 온갖 잡음이 끊이지 않는다. 관계를 아름답게 하는 글, 사랑을 지속하게 하는 글, 세상을 살 만한 곳으로 만드는 글 등 정말 다양한 지혜가 SNS에 넘쳐난다. SNS에서 우리가 접하는 글을 딱 하나만 삶에 적용해도 모든 일이 아름답게 풀릴 텐데, 그 간단한 걸 왜 실천하지 못하는 걸까?

답은 '마음'에 있다.

우리는 몸이 아니라 마음이 쓰러질 때 마침내 절망한다. 몸이 쓰러지는 건 마음이 쓰러지는 데 비하면 별것 아니다. 몸은 조금 쉬면 회복되지만 마음은 시간이 해결해 주지 않기 때문이다.

세상으로부터 나를 지키는 힘은 오직 마음에서 온다. 엄청난 태풍과 벼락이 쳐도 아무 일 없다는 듯 어제와 같은 오늘을 살아 내고 싶다면 내 마음을 지켜야 한다. 마음이 흔들리기 시작하면 어떤 일도 제대로 해낼 수 없다.

가슴이 두근거리는 꿈을 꾸고,
평생을 함께할 사랑을 만나고,
뜨거운 열정으로 자신의 일을 하게 시키는 건,
몸이 아니라 마음이기 때문이다.
우리는 평생 마음이 시키는 일을 하며 산다.

'마음이 없으면 삶도 없다.'

나를 지키는 마음의 힘은 어떻게 기를 수 있을까?
2009년 이스라엘.

일본 소설가 무라카미 하루키는 이스라엘 최고 문학상인 예루살렘상의 수상 연설에서 이스라엘과 팔레스타인을 '벽'과 '알'에 비유하며 이렇게 말했다.

"만일 높고 단단한 벽과 거기에 부딪치는 달걀이 있다면 나는 언제나 달걀의 편에 설 것이다."

그는 예루살렘에서 상을 받으면서도 약자를 보호해야 한다는 소신을 버리지 않았다. 그리고 단호한 말투로 이스라엘군의 가자 침공으로 어린이와 노인을 포함해 1000명 이상이 사망한 것을 비판했다.

그리고 2016년 2월.

위안부 할머니 한 분이 또 세상을 떠나면서 정부에 등록된 위안부 피해자 238명 가운데 생존자는 이제 44명으로 줄었다. 하지만 우리는 아직 일본의 제대로 된 사과를 받아 본 적이 없다. 오히려 일본의 아베 총리는 위안부 문제가 국가 차원에서 이뤄진 게 아니라며 당당한 모습으로 일관하고 있다.

그런데 최근 하루키가 한 신문사와의 인터뷰에서 아베 총리에게 쓴소리를 날렸다.

"상대국의 마음이 완전히 풀리지는 않더라도 '그만큼 사죄했으니 이제 됐다'고 말할 때까지 사죄해야 한다. 제대로 사죄하는 게 중요하다. 사죄하는 건 부끄러운 일이 아니다."

그는 온갖 압박에도 자신의 소신을 지켜 냈다. 그게 바로 마음의 힘을 제대로 아는 사람의 모습이다. 마음의 강력한 힘을 아는 사람은 상대의 아픈 마음을 어떻게 치유해야 하는지 안다. 그저 언어로만 사과를 하는 게 아니라, 사과하는 마음이 정말 깊숙이 전해져서 상대 입에서 '이제 됐다'는 말이 나올 때까지 해야 하는 게 사과다. 상대의 마음에 자신의 마음을 전할 수 있는 사람만이 그걸 할 수 있고, 마음의 힘을 제대로 사용할 수 있다. 하루키가 쓴 소설이 수십 개국에서 번역, 출간되고 세계인의 사랑을 받는 이유도 여기에 있다.

그는 작가이기 이전에 사람의 마음을 아는 사람이다.

'타인의 마음을 이해할 수 있는 자만이 세상으로부터 나를 지켜 내는 마음의 힘을 기를 수 있다.'

나는 짧은 글을 쓸 때도 온 마음을 담기 위해 치열하게 노력한다. 다섯 줄을 쓰기 위해 열 시간이 넘도록 사색을 멈추지 않을 때도 있다. 가끔은 그런 내 모습이 처절해 보이기도 하지만 견딜 수 있는 이유는 간단하다.

'내 삶의 목적이 편안한 인생에 있는 게 아니라, 마음을 담은 좋은 글을 쓰는 데 있기 때문이다.'

세상에는 정말 좋은 글이 많다. 하지만 우리가 그걸 제대로 받아들이지 못하는 이유는 글을 쓴 사람의 마음을 읽어 내는 데 소홀하기 때문이다.

세상에 떠도는 수많은 좋은 글을 접할 때,
눈을 감고 마음을 열어 작가의 마음을 어루만져 보라.
아무리 아름답고 현명한 조언이라도
눈으로 담은 건 순식간에 사라진다.
눈이 아니라 마음으로 읽고 담아라.

타인의 마음을 헤아리는 노력을 반복하면
지친 삶을 치유해 주는 마음의 힘이 길러질 것이다.

나는 내 모습 그대로 충분히 빛납니다

한 해가 지나면 늘 생각에 잠깁니다. 어제는 임재범의 〈비상〉을 따라 부르다 눈물이 왈칵 쏟아져 내렸습니다.

아팠던 일이 떠올랐기 때문이겠죠.
최선을 다했지만 최악의 결과가 나온 적도,
사랑을 전했지만 미움으로 되돌려 받은 적도 있었습니다.
사람의 일이 제 마음대로 되지 않더군요.

아무도 알아주지 않는 일을 하며 '내가 지금 이게 뭐하는 짓이냐?' 라고 생각하다가, '아니다. 내가 어떤 마음으로 글을 쓰고 세상을 사랑하는지 나는 아니까, 아무도 몰라도 나만 알면 된다.'라고 생각하며 멈추지 않았습니다.

최악의 결과가 나온 일도, 저를 미워하는 사람도
포기하지 않기로 했습니다.
제가 평생을 안고 사랑해야 할 대상이니까요.
아무리 아파도 사랑할 가치가 충분한 대상이니,
지금보다 조금 더 많이 사랑하기로 했습니다.

적을 알면 백전백승이라고 하죠.
정말 누군가를 미치도록 이기고 싶어서 상대를 깊이 연구하고 관찰하면 상대를 이길 힘이 생깁니다. 그런데 그렇게 상대를 깊게 알고 나면 처음 가졌던 미움이 사라지고 사랑이 생깁니다.
상대의 모든 행동과 말을 깊이 이해하기 때문에 미움이 사랑으로 몸을 바꾼 것입니다.

대상을 우리 자신으로 바꿔도 마찬가지입니다.
올해도 역시 많이 힘들었습니다.
마음대로 되지 않는 일과 사람에 울고 웃었습니다.
하지만 이렇게 생각해 보면 어떨까요?
'내가 자꾸만 실패하고 넘어지는 이유는
나를 조금 더 알기 위해 노력하기 때문이다.'

그런 의미에서 우리의 2015년은 보석처럼 반짝였습니다.
크기가 작다고 실망하지 말기로 해요.
보석은 크기가 아니라 얼마나 빛나느냐가 중요하니까요.
"나는 내 모습 그대로 충분히 빛납니다."

많이 아팠지만, 괜찮습니다.
가장 사랑하니까,
가장 아프게 했을 뿐이니까요.
나는 세상에 당당히 설 수 있습니다.
그래요, 비상할 수 있습니다.

고생한 나를 한번 안아 주세요.

그리고 이렇게 말해 주세요.
"네가 있어 참 행복했어.
내년에도 잘 부탁할게."

**나를 지켜 내는
삶을 살기 위해** | 사는 게 참 쉽지 않습니다.
수많은 것들이 나를 파괴하려 하죠.
하지만 내게는 지켜 내야 할 게 많습니다.
사랑하는 사람들과 직장 그리고 꿈…….

세상의 온갖 유혹과 방해를 이겨 내고 나를 지킬 수 있는 방법 하나 알려 드릴까요?
나를 지켜 내는 삶을 살기 위해 가장 필요한 건, 내가 지금까지 살아온 세월을 사랑하는 마음입니다.

오늘 사색 독서를 위해 한 카페를 찾았습니다. 앉고 보니 맞은편 의자에 누군가 두고 간 지갑이 보이더군요. 저는 거의 무의식적으로 집어서 바로 계산대에 가져다줬습니다. 만약 지갑에 엄청난 현금이 들어 있었다면 어땠을까요? 10억 원이 들어 있다고 해도 저는 언제나처럼 망설임 없이 주인에게 돌려주기 위해 노력했을 겁니다.

아무리 많은 돈이 유혹해도 제가 유혹을 거절할 수 있는 이유는 결코 제가 착해서가 아닙니다. 저는 착하지 않습니다. 다만 저는 제가 보낸 세월을 사랑합니다. 이따위 돈의 유혹에 빠질 만큼 제가 값싼 세월을 보냈다고 생각하지 않습니다. 저는 제가 보낸 세월이 돈과 바꿀 수 없을 만큼 귀하다고 생각합니다.

우리가 자신을 지키지 못하고 유혹에 빠지는 이유는 간단합니다.
"잃을 게 없다는 생각 때문입니다."

반대로 제가 언제나 유혹에 빠지지 않고 나를 지킬 수 있는 건 잃을 게 많다는 생각을 하기 때문입니다. 비록 아직은 존재감이 없고 많은 걸 이루지 못했지만, 꿈을 이루기 위해 분투한 지난 소중한 세월이 무엇보다 값지다고 생각하기 때문입니다.

당신의 지난 세월은 어땠나요?
힘들어도 웃으며 다시 전진하셨겠죠.
당신의 지난 세월은 정말 멋졌습니다.
온갖 시련에도 다시 일어나 달린,
소중한 내 지난 세월을 사랑해 주세요.
내 과거를 사랑하지 못하는 사람은
내 현재도 미래도 사랑할 수 없으니까요.

내가 나를 사랑하는 순간,
우리에겐 나를 지켜 낼 수 있는 강력한 힘이 생깁니다.

네, 알고 있습니다.
때론 내가 너무 못나 보이고,
정말 지우고 싶은 기억도 있겠죠.
그럼에도 다시 한 번 믿어 주세요.
첫 마음 변치 않고 힘껏 달려온 나를,
내가 보낸 세월을 믿고
뜨겁게 사랑해 주세요.

아팠던 시간도,
고통스럽던 시간도,
나는 내가 보낸 세월을 사랑합니다.

타인의 비판을 지혜롭게 받아들이는 법

사람을 끝까지 믿고
가능성을 인정하는 것도 중요하지만,

가장 중요한 건
내 마음이 다치지 않는 겁니다.

내 마음이 멀쩡해야
누군가를 도울 수 있기 때문이죠.

그러기 위해서는
선의를 가장한 타인의 비판으로부터
나를 막아 낼 줄 알아야 합니다.
좋은 일이나 축하할 일에는 소식이 없다가,
뭔가 트집을 잡아낼 일이 생기면
어김없이 나타나 나를 비판하는 사람이 있습니다.
물론 들어야 할 비판도 있죠.
하지만 그의 비판에서
나를 향한 사랑이 느껴지지 않는다면,
그저 비판을 위한 비판이라고 생각되면,
과감하게 귀를 막는 것도 좋은 방법입니다.

비판에 대응하면,
승자도 패자도 없는 의미 없는 싸움에
소중한 시간만 낭비하게 됩니다.

괴테는 말했죠.
"타인의 비판으로부터 나를 지킬 방법은 없다. 그저 내게 주어진 일에 충실하며 사는 게 가장 현명한 방법이다."

가장 현명한 대응은 내가 보내는 하루에 충실해지는 겁니다. '당신의 방법이 틀렸다'고 비판하는 사람에게 일일이 대응하기보다는, 그가 틀렸다고 말하는 내 방법으로 무언가를 이뤄 나가는 모습을 보여 주는 게 나와 그를 위한 가장 현명한 방법이기 때문입니다.

세상이 나를 조여 올수록
내게 더욱 집중하세요.
세상이 나를 아프게 할수록
나를 더 사랑해 주세요.

나는 소중한 존재입니다.
"누구도 내 마음을 아프게 할 수 없습니다."

의지하며 산다는 것에 대하여

혹시 요즘 이런 푸념을 자주 하시나요?
"차라리 죽고 싶다."
"내게 희망이 있을까?"

그럼 제 이야기 좀 들어 주시겠어요?

최근 사색하던 중에

불에 타서 잘려 나간 수천 그루의 나무가

여기저기 흩어져 있는 모습을 목격했습니다.

살아남은 나무는

잘린 나무의 버팀목 역할을 해야 했죠.

문장 하나가 머리를 스쳤습니다.

"죽는 것도 사는 것도 참 아프다."

가슴이 아팠습니다.

우리가 사는 것도 마찬가지니까요.

사는 게 쉽지 않아

때론 모든 걸 포기하고 싶은 마음이 들기도 하죠.

하지만 기대 의지할 누군가가 있기에

다시 힘을 낼 수 있습니다.

전 쓰러진 나무가 죽었다고 생각하지 않습니다.

기댈 수 있게 분투하며 버텨 주는 저 나무가

쓰러진 나무를 기억하고 있으니까요.

지금 아프고 힘들다면
먼저 나를 안아 주세요.
혹시 조금 힘이 남는다면
나보다 힘들어하는 사람의 손도 잡아 주세요.
그리고 서로 의지하세요.
거기에 서로를 살릴 힘이 존재합니다.
각자 흘렸던 땀과 노력을
서로가 기억하게 되니까요.

그 믿음의 힘을 믿으세요.
의지하며 산다는 건 그런 거니까.
죽은 생명을 다시 살리는 일이니까.

13 성장

믿는 만큼 다듬어지고
성숙해진다

**내 성장의
주인으로 사는 법**

아무리 순수한 사람도
살다 보면 누군가를 미워하게 됩니다.
때론 그 마음이 자신을 고통스럽게 하죠.

하지만, 기억하세요.
아름다운 향기를 지닌 꽃과
날카로운 침을 지닌 벌이
같은 하늘 아래서 나온 것처럼,
사랑하는 사람도
미워하는 사람도
결국 내 마음에서 나왔다는 사실을.

성장이란 어제보다 아름다워지는 것입니다.
누군가를 미워하며 아름다워질 순 없겠죠.
사랑하고 또 사랑하세요.
미움은 나를 멈추게 하지만
사랑은 나를 움직이게 하니까요.

아름다운 내일을 꿈꾸는 그대여,
내 마음에 명령하세요.
"나는 마음에서 미움을 버릴 것입니다."

사랑한 만큼
한 발 더 나갈 수 있습니다.
조금 더 아름다워질 수 있습니다.

최고의 선택을 한다는 것에 대하여

누구나 노력을 합니다.
그런데 왜 그 노력이 실력으로 쌓이지 않을까요?

답은 간단합니다.

'척'이라는 말이 있습니다.
공부하는 '척'
일하는 '척'
열정적인 '척'

정말 중요한 건, 남에게 보이기 위해 열 시간을 일하는 게 아니라, 한 시간을 일하더라도 내가 스스로 일했다고 느낄 수 있는 순간을 보내는 것입니다. 내 노력이 실력으로 쌓이지 않는 이유가 여기에 있습니다.
'내가 보낸 시간은
나를 위해 일한 시간이 아니었기 때문입니다.'
물론 "나는 지금 척하는 게 아니라 정말 열심히 일하고 있어."라고 말하는 분도 있겠죠. 그럼 제 이야기를 조금 더 들어 주시겠어요?

2010년, 중국에서 마라톤 대회가 열렸습니다. 케냐의 마라톤 유망주인 재클린은 열심히 달리고 있었죠. 누구도 그녀의 우승을 의심하지 않을 정도로 그녀의 페이스는 훌륭했습니다. 그런데 그녀는 열심히 달리던 중 숨이 턱에 차 있는 한 선수를 발견했습니다. 그 선수는 양팔이 없어서 중간에 제공되는 물을 마시지 못했고, 탈수 증세로 곧 쓰러질 것만 같았죠. 재클린은 다른 생각을 할 겨를도 없이 속도를 줄여 그 선수에게 다가가 자신의 물을 나눠 줬습니다.

결국 그렇게 시간을 허비한 그녀는 일등이 아닌 이등으로 들어왔고, 우승 상금 2만 달러도 놓쳐 버렸습니다. 그녀가 놓친 2만 달러는 온 가족의 몇 년치 생계비로 쓸 수 있을 만큼 케냐에서는 엄청난 액수였습니다.
하지만 그녀는 경기가 끝난 후 인터뷰에서 이렇게 말했습니다.
"또다시 같은 상황이 닥쳐도 나는 같은 행동을 할 겁니다."
오히려 그녀는 자기가 도운 선수의 건강을 걱정하며 안부를 물었습니다.
우승의 기쁨을 포기하면서까지 그녀가 경쟁자에게 물을 건넨 이유는 뭘까요?

저는 무슨 일을 할 때마다 스스로 "내가 이 일을 하는 이유는 무엇인가?"라고 묻습니다.

답은 둘 중 하나입니다.

- 남들 눈에 창피하지 않기 위해.
- 나한테 창피하지 않기 위해.

재클린은 자신에게 창피하지 않은 삶을 선택한 것뿐입니다.

종종 "작가님, 잃어버린 제 열정을 좀 찾아 주세요."라고 부탁하는 독자가 있습니다.

그럼 저는 이렇게 말하죠.

"그대의 열정은 그대가 찾으세요. 다만 조언을 하나 할게요. '척'하지 마세요. 그럼 잃어버린 열정이 다시 찾아올 겁니다."

우리에겐 시간이 없습니다.

'척'하는 데 시간을 낭비할 수는 없습니다.

정말 중요한 건

남을 실망시키지 않는 게 아니라,

내게 실망하지 않는 삶입니다.

인생은 선택입니다.

선택에 따라 전혀 다른 삶을 살게 되죠.

그래서 늘 선택의 갈림길에서 망설입니다.
하지만 이제 더는 선택 앞에서 망설이지 말아요.
단 하나의 질문이면 선택은 명확해지니까요.
"내게 실망하지 않을 수 있는 선택인가?"

여기서 '나'라는 개념이 정말 중요합니다.
내가 서지 못하면 어떤 질문도 나를 바꿀 수 없으니까요.
매일 속으로 이렇게 외치세요.
"나는 나를 위해 살아간다!"
나를 위해 산다고 말하면 '사람들이 나를 이기적인 사람으로 생각하지는 않을까?'라는 걱정은 하지 마세요.

나를 위할 수 있는 사람만이
남을 위할 수 있으니까요.
나를 사랑할 수 있는 사람만이
남을 사랑할 수 있으니까요.

결국 우리가 나를 위해 사는 건
남을 위하기 위한 연습이자,
최고의 선택을 하기 위한 준비입니다.

**성장을
거듭하는 사람** | 사람들과 대화를 나누다 보면,
나를 올리기 위해,
남을 끌고 들어와 험담하는 경우를 자주 봅니다.

그러나 나를 올리기 위해 누군가를 내리는 건
가장 비겁하고 어리석은 행동입니다.

누군가를 세우고 위해
누군가를 비판하는 건
모두에게 상처를 남기는 일이기 때문이죠.

내가 일어서기 위해 누군가가 쓰러져야 한다면,
나는 차라리 일어서지 않는 삶을 택하겠습니다.
내가 웃기 위해 누군가 울어야 한다면,
대체 그 웃음이 어떤 의미가 있겠습니까.
물론 함께 웃는 건 어려운 일입니다.
아주 긴 시간이 필요할 수도 있습니다.
하지만 시간보다 중요한 건
'함께'라는 단어입니다.

'성장'이란 단어를 사색해 본 적이 있나요?

지금 자신에게 물어보세요.

돈을 많이 벌거나 명예를 얻는 게 성장일까요?

아닙니다.

성장이란 어제보다 오늘 조금 더 아름다워지려는 노력의 합입니다.

내가 책을 읽고

세상과 사람을 사색하는 이유가

오직 내가 일어서기 위함이라면

나는 죽을 때까지 성장할 수 없습니다.

사람의 소중함을 모르는데

어찌 삶이 아름다워질 수 있겠습니까.

제가 성공보다 성장이라는 단어를 좋아하는 이유는,

성공은 세상에 얽매여 있지만

성장은 자유롭기 때문입니다.

내 삶을 아름답게 해 주기 때문입니다.

오늘도 참 아름다운 하루입니다.

세상이 아름답습니다.

그대도 아름답습니다.

당신의 삶을 바꾸는 '성장 관점'

많은 사람이 내게 이런 하소연을 한다.

"저는 정말 열심히 노력하는데 왜 성장하지 않는 걸까요?"

많은 책을 읽어도,
좋은 환경에서 열심히 노력해도,
훌륭한 인맥을 보유하고 있어도,
당신이 성장하지 않는 이유는 간단하다.

세상을 바라보는 당신의 관점이 언제나 같기 때문이다. 조금 더 자세하게 말하면, 당신이 보고 싶은 대로 당신이 원하는 대로 세상을 바라보기 때문이다.

열 줄도 되지 않는 짧은 글에 내가 받은 연봉과 해외 아동 봉사에 대한 이야기를 넣으면 글을 읽은 사람은 두 부류로 나뉜다.

- 그깟 연봉? 돈이 인생의 전부인가?
- 해외 빈민가 아이들이 아닌 한국 아이들을 도와야 하는 게 아닌가?

노력해도 성장할 수 없는 사람들의 전형적인 반응이다.

하지만 성장 관점으로 세상을 바라보는 사람은 이렇게 생각한다.
'아, 나도 빨리 능력 있는 사람으로 성장해 세상을 돕는 일을 해야지!'

세상을 비방하는 관점으론 많은 걸 얻을 수 없다. 그들이 비방만 하는 이유는 자신의 낮은 수준을 감추기 위함이다. 또한 불행하게도 인간은 수준이 낮아지면 다른 사람의 불행을 기뻐하는 것 외에는 관심이 없어진다.

괴테는 이렇게 말했다.
"셰익스피어는 자신의 작품을 통해 은 쟁반에 황금 사과를 얹어서 우리에게 준다. 하지만 우리는 그의 작품을 연구해 얻은 은 쟁반에 불행히도 감자나 얹고 만다."

세상을 당신이 의도하는 대로만 바라보지 마라. 그로써 당신이 얻을 수 있는 건 영원한 퇴보뿐이다. 조금 더 많은 시간을 고독에 맡겨라. 그리고 몸이 부숴질 만큼 치열하게 사색하라.
'세상이 지금 당신에게 무엇을 말하고자 하는지.'
'지금 내가 겪고 있는 상황이 내게 어떤 성장 요인으로 작용할 수 있는지.'

내가 사색 시리즈 네 권을 구상해 그 첫 책으로 《삼성의 임원은 어떻게 일하는가》를 내고, 이어서 두 번째 책으로 《사색이 자본이다》를 낸 이유도 거기에 있다. 성장 관점을 가진 사람은 내 책을 통해, 중요한 건 삼성의 임원이나 고전 작가가 아니라 '어떻게 사색해야 하는 것인가?'임을 쉽게 발견할 수 있을 것이다. 하지만 많은 사람이 본질을 잘 발견하지 못하고 시간만 낭비한다.

나는 많은 사람이 노력만 하고 성장하지 못하는 현실이 정말 안타까웠다. 그래서 내 시간을 들여서라도 그들의 시간을 아껴 주고 싶은 마음에 사색 시리즈를 구상하고 집필하게 되었다.

정체된 관점은 정체된 삶을 만들 뿐이다.
꽉 막힌 도로에서 이제 벗어나라.
그리고 성장 관점으로 사색하고 또 하라.
나라는 존재를 잊을 정도로,
엄청난 몰입의 상태로,
세상을 사색하라.

물론 오래된 자신을 벗어나는 건 굉장히 어려운 일이다. 세상을 다르게 바라보는 성장 관점을 갖고 싶다면, 이 글을 공유하든 출력해서 냉장고나 책상 위에 붙여 놓고 당신의 관점이 바뀔 때까지 반복해서 읽기를 추천한다. 어떤 악습도 반복과 꾸준함을 이길 순 없다.

될 때까지, 바뀔 때까지!

머리가 아닌 삶으로 보여 주는 강연

웬만한 건 쉽게 도전하는 두려움이 없는 성격이나 솔직히 처음 강연할 땐 많이 떨렸다. 하지만 나는 그 떨림을 즐겼다. '글'이라는 단어 안에서는 완벽해 보이지만, '강연'이라는 단어 안에서는 떨릴 수도 있음을 보여 주는 게 진짜 강연이라고 생각했기 때문이다. 어설픈 당당함은 금세 탄로 나고 대중에게 감동을 전할 수 없다. 초보는 초보티가 날 때 가장 아름답다. 그래서 애써 잘하려고 하지도 않았다. 딱 내가 어제 살아온 만큼 보여 주면 그걸로 된 거라고 생각했다.

그런데 솔직하게 나의 삶을 보여 주자 놀랍게도 떨림이 멈추고 다른 감정이 나를 찾아왔다.

바로 '뜨거움'이었다.

이젠 강연 의뢰를 받으면 누군가의 가슴을 뜨겁게 할 수 있다는 생각에 강연하는 날만 기다려진다.

인생도 마찬가지 아닐까? 죽을 만큼 떨리는 시기가 지나면 내 삶을 뜨겁게 데울 시기가 찾아오고, 마침내 내가 그토록 원하는 성장의 시기가 찾아온다. 떨리는 도전과 뜨거운 열정의 시기를 겪지 않은 성장은 진짜 성장이 아니다.

물론 중요한 건 반복이다.

아마 이 책을 읽는 독자 중에 내 강연을 몇 번 들어 본 분들도 있을 것이다. 하지만 내가 지금 다시 같은 내용의 강연을 하면 처음 듣는 것처럼 새롭게 느껴질 가능성이 크다. 그 이유가 뭘까? 귀로만 들었기 때문이다. 중요한 건 귀가 아니라 삶으로 듣는 것이다. 나는 1년 동안 강연을 하지 않다가 다시 청중 앞에 서도 1년 전에 했던 강연을 하나도 틀리지 않고 그대로 말할 수 있다. 이유는 간단하다. 강연 내용을 철저하게 외웠기 때문이 아니라, 내가 1년 전에 말했던 것과 같은 삶을 계속 살고 있기 때문이다. 끝없는 반복으로 내 삶이 외웠기 때문이다.

성장을 꿈꾼다면
삶이 책이자 최고의 강연이 되게 하라.

지금도 내 꽃은 피고 있습니다

자고 일어나면
꽃이 더 활짝 핀 걸 볼 때가 있다.
어두운 밤에도 꽃은 성장을 멈추지 않기 때문이겠지.

물론 어두운 하늘 아래에서
꽃이 더욱 화려하게 피는 건 아니다.
하지만,
최소한 꽃은

피어날 곳과 성장할 환경을
가리지 않고 묵묵히, 핀다.

모두가 떠난
그 어두운 곳에서,
얼마나
더 기다려야 하는지
더 아파해야 하는지
짐작조차 할 수 없지만
꽃은 시들지 않고 마침내, 핀다.

지금 내 삶이 어둡다고
아파하거나 겁먹지 마세요.
힘겨운 바람이 지나가면,
내 아픔도 함께 지나갈 테니까요.
그럼에도 내 안에서 꽃은 피고 있으니까요.

깊고 두꺼운 세월이 지난 어느 날,
태양보다 빛나는 얼굴로
나는 말할 수 있을 것이니…….
"나는 꽃을 피워 낸 사람입니다."

흔들린다는 건
잘되고 있다는 거야

혹시 알고 있니?

인생이란 게 말이야,

정말 죽을 것처럼 열심히 일해서

아주 조금,

정말 아주 조금! 살 만해져서

"이제 나도 좀 살아 보자!"라고 외치면

건강에 이상이 생기든 주변 상황에 이상이 생기더라.

억울하게도 살 만해지면 죽는 날이 오는 것처럼 말이지.

난 잘 모르겠어.

인생은 좋은 걸까, 아니면 나쁜 걸까?

너는 정확하게 답할 수 있겠니?

에잇!

그래, 결정했다.

인생은 결국 좋다 마는 거야.

그러다 또다시 좋아지는 거고.

완벽히 자를 수 있다면 그건 인생이 아니겠지.

혹시 쌍쌍바라는 아이스크림을 알고 있니?

이를테면 우리는 모두 쌍쌍바의 삶을 살고 있어.

애매하게 잘려 고민하게 만드는 쌍쌍바처럼,
딱 정확하게 중심을 자를 수 없는 인생.
항상 좋을 것만 같지만
이내 슬픔이 찾아오는 인생 말이야.

그러니까 포기하지 마.
네가 가진 꿈과 목표가
현실의 삶과 잘 조화되지 않는다고,
아무것도 한 게 없이
자꾸 늙어만 간다고,
절대 너의 삶을 포기하지 마.

넌 언제나 심각한 표정으로 내게 물었지.
"내 삶의 중심을 찾고 싶어."
그런데 알고 있니?
다들 그렇게 살고 있더라.
다들 중심을 잃은 채 허둥지둥하며 살더라.
겉으론 멀쩡한 척 태연한 표정이지만,
정말 다들 그렇게 살고 있어.
다들 말이야.

그러니 고민하지 마.

너는 절대 실패한 게 아니야.

인생이란 원래 중심을 찾아 떠나는 여정이잖아.

네가 지금 흔들리는 이유는 중심을 찾아가고 있다는 증거야.

너는 다만 남들보다 뜨거운 길을 선택했을 뿐이야.

그 길에서 죽을 것처럼 흔들리며 중심을 잡아 가면 되는 거야.

흔들리지 않을 때까지.

중심을 찾을 때까지.

그러니까

너도 힘을 내길.

누구보다 뜨겁게

끝없이.

당신에게 로비하라 | 기대 이상의 성과를 보여 주기 위해서는 지금까지와는 전혀 다른 마음가짐이 필요하다. 어떤 일을 하건 한 발 혹은 몇 점 차이로 이기는 게 아니라, 완벽하게 차이를 내서 이기겠다는 마음가짐을 가져야 한다.

경쟁자와 우열을 가리기 힘들다는 건, 지금은 일등이지만 앞으로 언제든지 질 수 있다는 뜻이다. 겨우겨우 이기는 자는 언제나 바로 뒤에서 달려오는 경쟁자의 숨소리까지 들으며 긴장해야 한다. 그건 이겨도 이긴 게 아니다. 하지만 완벽하게 이기는 자는 비로소 타인이 아닌 자기 자신과의 기록과 경쟁하게 된다.

발레리나 강수진은 입버릇처럼 말한다.

"저는 다른 사람과 경쟁하지 않아요. 오직 자신과 경쟁합니다."

누구나 그녀처럼 멋지게 "나는 나와 경쟁합니다!"라고 말할 수는 있다. 하지만 그런 말을 할 자격은 아무에게나 주어지는 게 아니다. 자기 일에서 완벽하게 앞서 나가는 사람만이 할 수 있는 말이다.

여기서 이런 반론을 하는 사람도 있을 것이다.

"꼭 일등을 해야 하나요?"

나는 지금 일등을 하라는 게 아니다. 조금 더 깊고 넓은 눈으로 그녀의 삶을 바라보라. 그녀의 삶이 일등을 하기 위한 삶이었다고 생각하는가? 내가 말하고 싶은 건, 당신이 어디서 어떤 일을 하든 남이 아니라 자신과 경쟁하게 되는 그 순간을 경험할 수 있기를 바란다는 것이다. 그 멋지고 아름다운 순간을 당신도 한번 즐겨 보라는 말이다. 경쟁자가 보이지 않는 경기장에서 오직 자신의 동작에만 집중하며 관객을 압도하는 엄청난 카리스마를 발산하는 그녀처럼, 당신도 당신의 일에서 그런 경험을 가져 보라는 것이다. 일등 그 너머에 있는 완벽한 그 무엇을!

자기 자신과 경쟁하며 살아가는 그 힘은 도대체 어디서 나오는 걸까? 나는 그녀에게 물었다.

"만약 당신이 쓴 책이 나온다면 그 책에 추천사를 써 줄 지인이 누가 있습니까?"

세계적인 발레리나인 그녀의 인맥이 궁금했다. 그리고 내심 엄청난 사람의 이름이 나열될 거라 생각하며 그녀를 바라봤다. 하지만 그녀는 잠시 고민하더니 뜻밖의 대답을 내놓았다.

"글쎄요…… 제가 발레만 해서 아는 사람이 별로 없어서."

지금도 수많은 사람이 다양한 장소에서 교류하며 인맥을 쌓는다. 자신에게 도움이 될 만한 사람이 모인 장소를 찾아내고, 그 부류의 멤버가 되기 위해 엄청나게 노력한다. 내 주변에도 그런 사람이 많다. 하지만 나는 그들이 인맥을 활용해서 뭔가 이뤘다는 소식을 들은 적이 없다. 물론 복권에 당첨될 확률 정도로 인맥을 통해 뭔가를 이뤘다는 사람도 있을 것이다.

그렇다면 이렇게 묻고 싶다.

"겨우 복권이 당첨될 확률에 당신의 삶을 바칠 생각입니까?"

9회 말 투 아웃에 만루, 상대는 리그를 대표하는 4번 타자.

이 위험한 1점 차 리드에서 필요한 건, 4번 타자를 압도할 수 있는 마무리 투수지 상대 팀의 실책이 아니다.

강수진뿐만이 아니다.

대기업 대표든, 예술가든, 운동선수든 마찬가지였다.

내가 만나 본, 자기 일에서 반열에 오른 사람들은 주변에 인맥이라고 부를 사람이 없었다.

강수진은 지난 30년간 수많은 경쟁을 하면서 단 한 번도 인맥을 통해 편법을 쓴 적이 없다.

많은 사람은 명절이 되면 잘 보이고 싶은 사람에게 선물을 보낸다. 나 역시 직장에 다닐 때 로비하는 사람을 많이 봤다. 그런데 우린 정말 중요한 걸 잊은 게 아닐까?

정말 로비를 해야 할 사람은 잘 보이고 싶은 그 사람이 아니라 바로 당신 자신이다!

매일 이렇게 당신 자신에게 로비하라!

"너는 조금 더 잘할 수 있어!"

"아직 너는 전력을 다하지 않았어!"

"네 꿈이 너를 기다리고 있잖아!"

내가 인맥을 쌓지 않는 이유는 그 방법이 마음에 들지 않아서가 아니라, 아무리 애를 써도 인맥을 통해 성공할 수 없기 때문이다. 로비를 통해 인맥을 키우는 사람은 아무리 잘돼 봐야 상대와 운명을 같이 하는 것밖에 없다. 결국 성공해 봐야 타인의 말을 잘 듣는 노예로 살아가게 된다. 하지만 타인이 아닌 자기 자신에게 로비하며 실력을 키우는 사람은 내 삶을 내가 결정할 수 있게 된다.

오늘도 당신 자신에게 로비하라.
그리고 일등 너머에 있는 그 무엇과 마주하라.

열심히 해도 잘되지 않는다는 너에게

집 주변을 사색하며 걷다가 전봇대에 붙은 개인 과외 전단을 봤어. 옛날 생각이 나더라. 그런데 참 이상해. 과외비는 왜 10년 전이나 지금이나 변한 게 별로 없을까?

게다가 요즘엔 시범 과외라는 것도 있어서 한 번 수업을 받아 보고 마음에 들지 않으면 돈을 주지도 않는다던데. 점점 사는 게 힘들어지는 것 같아 마음이 아팠어.

그런데 사실 나도 과외를 해 봤고 논술 학원에서 강사로도 일했었는데, 나는 같은 시간을 일해도 늘 동료보다 두 배 이상의 월급을 받았어. 물론 시범 과외 같은 건 하지도 않았지.

이유는 간단해.

난 그때 초등학생부터 고등학생까지 볼 수 있는 논술 책을 낸 논술 전문 작가였거든. 책을 내니까 세상은 나를 전문가로 대우해 줬고, 그 다음부터는 힘들 게 별로 없더라.

물론 요즘에도 많은 청년이 자신의 전문 분야에 대한 책을 내고, 그 분야의 전문가로 활동하고 있지. 그런데 그들에게도 이런 고민이 있더라고.

"작가님, 있는 돈을 모아 책을 내고 제 일을 시작했는데, 사업이 생각처럼 잘되지 않습니다."

그런 청년을 만날 때마다 나는 이렇게 말해.

"저는 책을 내면서 돈을 받는데, 당신은 반대로 책을 내면서 돈까지 내야 하는 이유가 뭐라고 생각하세요? 그건 당신이 부족한 능력을 돈으로 메웠기 때문입니다."

너도 잘 알겠지만, 세상에는 자신의 가게를 한 번도 운영해 본 적이 없는 창업 전문가가 있고, 자비 출판으로 책을 낸 게 전부인 베스트셀러 작가 양성 전문가가 있고, 이름을 들어 본 적 없는 사람이 운영하는 개인 브랜드 성공 전략 연구소가 있어.

그들은 아무리 자신의 이름을 건 책을 내도 자신의 업에서 일가를 이룰 수 없어.

가장 중요한 게 빠졌으니까.

나는 논술 학원에 있을 때 내 이름으로 된 논술 책을 내면서 딱 하나만 생각했어.

돈? 아니야. 돈을 벌고 싶다는 생각엔 별 힘이 없어.

내 생각은 아주 간단했어.

"논술에 대해 더 알고 싶다."

생각해 보면 나는 늘 그랬던 것 같아.

다양한 직업을 경험했지만, 한 번도 내가 하는 일을 지겹다고 생각하거나, 그만둬야겠다고 생각하지 않았어. 내가 하는 일에 대해 조금 더 알고 싶다는 생각만 가득했지.

논술 학원에서 강사를 할 때는 논술에 대한 책을 냈고, 기업 컨설팅 회사에서 일할 때는 경영에 대한 책을 냈지. 종류는 다르지만 책을 낼 때마다 내 마음은 항상 같았어.

책이 많이 팔려서 지금 하고 있는 일을 그만두고 인세로 평생 살고 싶은 마음?

아니야.

나는 책을 내면서 늘 가장 먼저 내게 감사했어. 아무것도 모르던 내가 책 한 권을 써내느라 얼마나 고생했을까? 멈추지 않고 달려온 나를 뜨겁게 안아 줬지. 그리고 또 다른 책을 쓰기 시작했어. 알고 싶은 게 끝도 없이 생기더라고. 배움은 끝이 없는 거니까. 그렇게 나는 부족한 나를 채워 나갔지. 그렇게 나를 채워 나가니까 할 수 있는 게 더 많아지더라.

네가 뭔가 하고 싶은데 잘 안 되는 이유는 내공이 부족하기 때문이야. 그렇다고 너의 부족한 내공을 절대 돈으로 채우려고 하지 마. 돈으로 채운 삶은 돈이 사라지면 인생도 함께 사라지게 되는 거잖아.

어렵다고?

그럼 이해하기 쉽게 한마디로 표현해 줄까?
"자꾸 책을 쓰려고 하지 말고, 네 삶이 책이 되도록 해 봐."

파스칼이 말했지.
"모든 인간의 불행은 방에서 홀로 조용히 앉아 있을 능력이 없다는 데에 있다."

젊은 나이에 성공하는 것, 유명해지는 것, 그래 다 좋아. 하지만 그보다 먼저 조용히 네 자신을 돌아보는 시간을 가져 봐. 무엇보다 너 자신을 먼저 찾는 게 우선이잖아.

네가 네 삶을 찾는 방법은 뜻밖에 아주 간단해.
일단 돈을 쫓아가는 삶에서 벗어나길.
절대 조급해하지 않길.
그리고 자신에게 물어봐.
"내가 정말 알고 싶은 건 뭐지?"

사람에 대해 알고 싶다면 | 산다는 건 결국 사람을 만나는 일이기 때문에, 사람 보는 눈이 없는 사람은 어려운 삶을 살게 된다. 그렇다고 사람에 대해 가르쳐 주는 학원이 있는 것도 아니다. 겪어 보지 않으면 알기 힘들기 때문이다.

물론 처음 만난 사람을 정확하게 파악하고 이해하기란 어려운 일이다. 하지만 그럴 때 내가 자주 사용하는 아주 간단한 방법이 하나 있다.

'그 사람의 일하는 방식을 관찰하는 것.'

거장 괴테와 단테는 각각 이런 말을 남겼다.

"한 걸음 한 걸음 천천히 걸어가면 결국 도달할 것이라고 생각하지 마라."

"시간이 항상 우리를 기다리고 있다는 생각은 착각이다."

단테와 괴테는 목표를 이루기 위한 조건으로 '순간'과 '실행'의 중요성을 강조했다. 결국 우리는 탁월한 무언가를 이루기 위해 지금 이 순간 최선의 노력을 해야 한다.

탁월함은 순간순간의 합이기 때문에, 마지막에 얻을 수 있는 결과물로 평가할 수 없다. 언제나 지금 이 순간 내가 할 수 있는 만큼 탁월한 노력을 쏟아야 한다. 순간이 탁월하지 않다면 좋은 결과를 기대할 수 없다.

"탁월함은 순간의 사건이 아니라 순간의 반복으로 얻을 수 있다."

하지만 사람들은 너무 쉽게 순간을 소비한다. 순간이 결국 내가 가진 최고의 힘이라는 것을 모른 채 값싸게 소비한다. 그리고 그들에겐 이런 공통점이 있다.

"사람을 소중하게 생각하지 않는다."

순간의 소중한 가치를 아는 사람은 결국 한 사람의 소중함을 아는 사람이다. 혹시 지금 주변에 스스로 "나는 사람을 소중하게 생각하고 사랑하는 사람입니다."라고 말하는 사람이 있다면, 그가 순간의 소중한 가치를 아는 사람인지 아닌지 하루를 대하는 마음가짐을 살펴보라.

순간을 그저 스쳐 보내는 사람은 한 사람의 중요성을 모를 가능성이 크다.

사람을 소중하게 생각하는 사람은 자기 일도 소중하게 여긴다.

한 사람이 모든 사람이고,
모든 사람은 한 사람의 합이다.

순간이 영원이고,
영원은 순간의 합이다.

14 운명

부지런한 자에게
세상은 침묵하지 않는다

스스로 생각할 수 있는
사람으로 산다는 것

같은 사건을 바라봐도 그 시선에 따라 해석이 달라진다.

하지만 틀린 게 아니라 다를 뿐이기에 해석의 다름 그 자체는 그렇게 중요하지 않다.

문제는 스스로 생각하지 못하고 타인의 해석에 기대 살아가는 것이다.

안타깝지만 우유부단한 사람은 자신의 운명을 제어하지 못한 채, 사랑도 미움도 받지 못하는 존재로 살게 된다.

생각에는 자석처럼 주변 사람을 끌어당기는 힘이 있다. 그래서 자기 생각이 뚜렷한 사람일수록 많은 사람의 사랑을 받기도 하고, 반대로 많은 사람의 미움을 받기도 한다.

물론 타인의 미움에 마음 아플 때도 있을 것이다.

하지만 그들이 아무리 "너는 틀렸어!"라고 공격해도, 속으로 "너 참 귀엽다."라고 속삭이며 웃어 넘겨라. 내가 많은 사람에게 미움을 받는 이유는, 그만큼 많은 사람에게 사랑 받고 있기 때문이니까.

간단하게 말해, 생각한다는 건 자기 운명을 제어하며 살 수 있다는 것을 의미한다.

하지만 내 생각이 완벽한 정답이 아니고, 내가 모든 사람에게 좋은 사람이 될 수도 없다는 사실을 기억해야 한다.

그리고 미움 받는 걸 두려워하지 말라.

사랑 받고 있다는 증거니까.

"나는 스스로 생각할 수 있는 내 운명의 주인이다."

**사람으로
살아간다는 것** | 설경을 즐기며 사색을 하다가
살얼음이 낀 계곡을 만났네.

얼었다고도,
그렇다고 녹았다고도 볼 수 없는 여기서
졸졸졸 물이 흐르는
이 아름다운 소리는 어디에서 오는가?
귀를 기울이다가 나는 궁금해졌네.

한참을 가만히 앉아 바라보다가,
나는 알았지.
물이 흐르는 소리는
살얼음과 물이 뜨겁게 부딪히며 나는
신음보다 치열한 비명이라는 사실을.

얼지 않으려는 물과
녹지 않으려는 얼음,
그 중간에서 솟아나는
뜨거운 열기가 느껴졌네.
얼음처럼 차가운 물속에서
저 둘은 뜨겁게 아파하고 있었네.

'세상에 아프지 않은 삶은 없다'는 사실을
몸소 보여 준 둘의 모습을 보면서,
편안한 삶만 추구하며 살아온 나는,
살아온 인생 자체가 부끄러워져
미안한 마음에 자리를 박차고 일어나
무작정 걸었네.

그러다 문득,
세상을 아프지 않게 하고 싶다는 생각이 들었지.
착해지고 싶었다고나 할까?
바람이 아파할까 걱정이 되어
되도록 천천히 걸었지.
마치 신부가 입장하는 것처럼 말이야.

그런데 바람이 나를 지나갈 때마다 아픈 소리를 내네.
마음이 아팠지.
나도 너만큼 아파해야 하는데
도무지 아프지 않아서.

미안한 마음에 걸음을 멈추고
반성하는 자세로 고개를 숙였는데,
이름 모를 잡초 하나가 내 발에 허리가 꺾여
죽어 가고 있는 게 보이네.

나는 어쩔 수 없는 사람이네.

사람은 삶의 근육으로 아름다워집니다

소나무를 보면 어떤 생각을 하게 되나요?
- 알아서 잘 크는 나무
- 생명력이 끈질긴 나무
- 사시사철 푸른 나무

여러분도 소나무가 저절로 큰다고 생각하시나요?
가뭄이 길어져도

절벽과 바위틈에서도
소나무가 죽지 않고 잘 자라는 이유는
굵은 뿌리가 멀리까지 뻗어 있기 때문입니다.
그리고 영양분이 모자라서 생명을 유지하기 어려워지면
스스로 가지치기를 하며 살기 위해 노력하죠.

단단한 돌을 뚫고 뿌리를 뻗는 건 힘든 일입니다.
하지만 소나무는 포기하지 않습니다.
뿌리가 숨을 쉴 때 나오는 이산화탄소를 빗물과 섞어 바위를 녹이는 거죠.
그렇게 조금씩 깊게 뿌리를 뻗으며
불가능해 보였던 일을 해냅니다.
고고해 보이는 소나무의 현재는
고통스러운 순간의 반복으로 이뤄진 결과입니다.
"세상에 저절로 이뤄지는 건 없습니다."

상상이나 할 수 있나요?
연약한 뿌리가 단단한 돌을 뚫어 나갈 때 느끼는 고통을.
많은 사람이 자신은 겪지도 않은 일에 대해서
'이렇게 살아야 한다'고 충고하듯 말합니다.
그리고 공부해야 잘살 수 있다고 질책하죠.

"알아야 산다."

맞는 말입니다.

그런데 말이죠,

저는 그보다 더 중요한 사실을 알고 있습니다.

"살아야 안다."

소나무처럼,

어떻게든 살아 보려고

닥치는 대로 뭐든 해 본 사람은 알고 있습니다.

남들이 "너는 할 수 없을 거야."라고 무시해도

어떻게든 꿈을 이루기 위해 분투한 사람은 알고 있습니다.

살기 위해 뻗은 저 뿌리가

얼마나……

얼마나 아름다운지 알고 있습니다.

사는 게 쉽지 않습니다.

하지만 소나무는 알고 있습니다.

그러므로 그대의 고통이 아름답다는 사실을.

나를 수없이 흔드는 세상에 맞서

오늘도 포기하지 않고

세상이라는 땅 위에 굵고 튼튼한 뿌리를 뻗었으니까요.

나는 아름다운 사람입니다.

"나는 고통으로 단단하게 단련한, 멋진 삶의 근육을 가진 사람입니다."

나는 내가 원하는 삶을 살 수 있습니다 | 어제만 해도 약간 덜 익었던 딸기가 하루 만에 붉어졌습니다.

사진 보정이 필요 없는 자연의 힘이 느껴집니다.

진짜는 그 모습 그대로 아름답습니다.

다만 그렇게 되는 과정이 힘들고 지루하죠.

중식 요리 연구가인 이연복 셰프는 자기 레시피를 모두 공개하며, "이렇게 모두 알려 줘도 괜찮습니까?"라고 묻는 진행자에게 이렇게 응수했습니다.

"괜찮습니다. 어차피 알려 줘도 게으른 사람은 따라 하지 않으니까요. 늘 하는 사람만 합니다."

우린 가끔 불평합니다.

"되는 놈은 되고, 죽어도 안 되는 놈은 안 된다."

물론 운과 환경의 차이도 있겠죠. 하지만 정말 중요한 건, 당연하다고 생각하는 걸 반복하는 것 아닐까요?

　딸기가 온몸으로 뜨거운 햇살을 받아 내는 고통스러운 일을 반복하며 붉게 익었듯, 우리의 삶도 그런 과정이 필요합니다.

　이연복 셰프는 대만에서 받은 축농증 수술이 잘못되어 후각을 잃었습니다. 하지만 그는 냄새를 맡지 못하는 치명적인 약점을 극복하기 위해 기본에 충실한 하루를 보내기로 결심했습니다.
　사실 후각을 잃은 요리사는 "나는 죽어도 안 될 놈이야."라고 비관하며 현실에 불만을 가질 가능성이 큽니다. 하지만 그는 죽어도 안 될 상황을 될 수밖에 없는 현실로 바꿨습니다.
　비록 '후각'을 잃었지만,
　대신 '미각'을 단련했습니다.

　나는 알고 있습니다.
　태어난 환경은 내가 어쩔 수 없지만,
　살아갈 환경은 내가 바꿀 수 있습니다.
　나도 될 수 있습니다.
　아니, 되고 있습니다.

　"나는 내가 원하는 삶을 살 수 있습니다."

운명을 이기는 강력한 힘은 어디서 오는가

'왜 나에겐 늘 같은 실패가 반복될까?'

'이제는 나도 뭔가 이룰 때가 아닐까?'

많은 사람이 이런 고민에 빠집니다.

그리고 자책합니다.

"나는 정말 불행한 놈이야!"라고 말하며.

당신은 불행한 사람이 아닙니다.

아무리 기획안을 수정해도,

아무리 더 많은 시간을 일해도,

아무리 열심히 공부해도,

당신이 원하는 곳에 도달하지 못한 이유는,

당신이 불행한 삶을 타고났기 때문이 아니라

아직 충분히 실패하지 않았기 때문입니다.

충분하지 못하기 때문에 같은 실패가 반복되는 거죠.

당신이 충분해질 때까지

같은 일이 지겹게 반복될 겁니다.

세상은 자격이 없는 사람에게 길을 내주지 않습니다. 결국 당신은 지겨운 반복을 통해 당신다움을 만들 수 있을 겁니다. 그러니 당신만의 무엇을 만들고 싶다면, 지금 당신에게 주어진 삶에 충실하세요.

성장에는 반드시 밟고 지나가야 할 계단이 존재합니다.
얼마 전 방송에 나왔더군요.
복권으로 100억 이상의 벼락부자가 된 사람이 그 돈을 다 잃고 사기를 치다가 걸렸다는. 실제로 고액 복권 당첨자들 중 90퍼센트 이상은 이런 말도 되지 않는 상황을 맞이합니다. 이유는 간단합니다. 1, 2, 3이라는 계단을 밟지 않고 누군가의 도움으로 단숨에 10이라는 계단을 밟았기 때문이죠. 자신의 다리로 땀을 흘리며 계단을 밟고 올라가지 않으면 아무것도 얻을 수가 없습니다.

다른 삶을 꿈꾸지 마세요.
이 삶에서 승부를 내지 못한 자에게는
다른 삶도 주어지지 않습니다.
인생 1막이 엉망인데 2막이 화려할 수 있을까요?
그럴 수는 없을 겁니다.
인생은 계단처럼 하나하나 밟고 올라가야 하는 거니까요. 물론 계단을 오를 때마다 많이 힘들겠죠.
그런데 나는 당신에게 달콤한 이야기만 들려주고 싶진 않아요. 힘들지 않은 계단은 세상에 없으니까요. 미안하지만 오르면 오를수록 더욱 힘들 겁니다.

하지만 멈추지 마세요.
우리는 바로 그걸 성장이라고 부르니까요.

물에 절대 들어가지 않겠다고 버티던 아기도 한 달만 지나면 눈을 동그랗게 뜨고 물장구를 치며 물에 대해 가졌던 막연한 두려움에서 벗어납니다.
그때 부모는 느끼죠.
'내 아이가 한 달 동안 성장했구나.'
두려웠던 것들도 시간이 지나면 익숙해집니다. 중요한 건, 시간만 흐른다고 되는 게 아니라 자꾸 도전해 봐야 한다는 것이죠. 아기가 목에 튜브를 끼고 손과 발로 물을 느끼며 물과 친해지려고 노력하는 것처럼…….
지금 당신에게 익숙한 모든 것은 그런 노력의 과정을 통해 만들어진 것입니다. 그리고 우리는 두려운 것을 익숙하게 만드는 과정을 반복하며 성장합니다.

운명을 탓하지 말아요.
운명은 우리의 삶을 결정할 힘이 없습니다.
하지만 우리에겐 계단을 오를 것인지 말 것인지 결정할 힘이 있습니다.
운명보다 중요한 건 당신의 의지입니다.

걱정하지 말아요.
지금 숨이 차오른다면 잘되고 있는 겁니다.
당신의 계단을 밟아 나가고 있다는 증거니까요.
나는 당신이 밟을 다음 계단을 기대합니다.

'당신이 기대됩니다.'

15 의식

여유롭게, 그러나 생산적으로
사는 사람의 비밀

도덕적이라는 말에 대하여

최근 경기도 산자락에 있는 사색하우스에 큰 눈이 왔다. 새벽에 일어나 밖으로 나가 보니, 눈 때문에 차로 올라갈 수 없어 아래에 주차를 하고 걸어서 집으로 올라가는 사람이 눈에 띄었다.

"나라가 망하려고 그러나, 눈이 왜 이렇게 많이 오는 거야."

"세금은 엄청나게 가져가면서 눈도 안 치워 주네!"

세상과 나라 그리고 타인을 비판하는 사람은 많았지만 직접 눈을 치우는 사람은 없었다.

나는 새벽부터 제설 기구를 가지고 나와 모두가 이용하는 도로 위에 쌓인 눈을 치웠다. 주민만 불편한 게 아니라 시간이 돈인 택배 기사도 매우 불편할 것이기 때문이었다. 그렇게 모두가 이용하는 도로 50미터 정도를 치운 뒤 집 앞에 쌓인 눈을 치웠다.

최근 한 단체에서 1만 1000명의 학생에게 이렇게 물었다.

"10억 원이 생긴다면 잘못을 하고 1년 정도 감옥에 들어가겠는가?"

이에 초등학생 17퍼센트, 중학생 39퍼센트, 고등학생 56퍼센트가 "10억 원을 얻고 감옥에 가겠다"고 답했다.

"이웃의 어려움과 관계없이 나만 잘살면 된다."라는 설문에도 "그렇다"고 답한 학생이 초등학생 19퍼센트, 중학생 30퍼센트, 고등학생 45퍼센트로 나타났다.

예전에 비해 정의를 부르짖는 사람이 많이 늘어났다. 다양한 단체에서 "한국의 정의가 죽었다!"고 소리친다. 정의를 사랑하는 어른은 많아졌는데, 왜 날이 갈수록 아이들의 정의감은 사라지는 걸까? 이유는 간단하다. 도덕심이 바로 서지 않았기 때문이다. 세상을 둘러보면 정의를 외치는 사람은 많은데 도덕을 외치는 사람은 찾기 힘들다. 정의의 잣대는 타인이고, 도덕의 잣대는 바로 나이기 때문이다. 나를 바꾸기는 귀찮고 싫지만, 타인을 바꾸라고 말하는 건 아주 간단한 일이다.

나는 가깝고 세상은 멀다. 나를 아프게 하는 건 참기 힘들지만, 세상을 아프게 할 땐 쾌감마저 느껴진다. 집 앞에 쌓인 눈을 치우긴 싫지만, 왜 치우지 않냐고 세상을 비판하며 정의를 외치는 건 참 쉽다.

내가 사색하우스 앞 큰 도로에 쌓인 눈을 치운 건 정의로운 행동이고, 내 집 앞에 쌓인 눈을 치운 건 도덕적인 행동이다. 우리는 삶에서 도덕과 정의를 아주 간단하게 실천할 수 있다. 하지만 말만으로는 불가능하다. 정의로운 세상을 만들고 싶다면, 택배 기사가 박봉에 고생하는 현실이 안타깝다면, 댓글로만 열을 낼 게 아니라 그들이 다니는 도로의 눈을 치우는 행동으로 보여 줘야 한다. 그리고 정의가 죽었다는 말 대신, 내 집 앞의 눈을 치우는 실질적인 행동을 하라. 그렇게 도덕을 실천하는 사람이 많아져서 세상을 아프게 하는 모든 게 사라진다면 자연스럽게 정의가 우리를 찾아올 것이다.

도덕이란 내가 나를 사랑할 때 비로소 실행할 수 있는 덕목이다. 사랑보다는 비난을, 도덕보다는 정의를 추구하는 한국의 현실은 그냥 하루아침에 만들어진 게 아니다. 나를 사랑하는 사람이 많아지면 도덕적인 사회가 되고, 비로소 정의로운 세상에서 살아갈 수 있게 된다.

정의는 홀로 설 수 없다.
수많은 도덕이 모여 만들어지는 게 바로 정의다.

누구도 나를 아프게 할 수 없습니다 | 누군가 나를 미워해
비방하는 글을 올리거나
유언비어를 퍼뜨리면

나는 분노하거나
증거를 모아 고소하는 대신
"참 귀여운 사람이네."라고 말하며 웃습니다.
생각해 보세요.
알지도 못하는 사람이
내게 관심을 가져 주니 고마운 일이잖아요.
그래서 더 사랑해 주려고 합니다.

물론 도를 넘는 비방에는 대처를 해야겠죠. 하지만 그럼에도 사랑

하는 마음을 잃지 않으려 합니다. 세상에 미움으로 해결할 수 있는 일은 없으니까요. 미움은 오히려 더 강력한 미움만 만들 뿐이죠.

아무도 나를 아프게 할 수 없습니다.
또한 상대를 미워한다고 해서 내가 얻을 게 있는 것도 아닙니다. 그런 사람을 만나면 웃으며 이렇게 생각하세요.
'참, 귀엽네.'
'사랑스러운 사람이네.'

비현실적인 이야기라고 말하는 분도 있을 테죠.
그럼 하나 묻고 싶습니다.
"지금까지 그대는 그대가 말하는 현실적인 방법으로 세상이 주는 아픔으로부터 벗어날 수 있었나요?"

세상이 주는 아픔으로부터 나를 지키는 힘은 오직 사랑 안에 있습니다. 세상의 부정적인 기운을 변하게 하는 건 오직 사랑뿐이니까요.
'사랑만이 세상을 아름답게 하니까요.'

내 삶이 내 꿈을 증명합니다	글을 쓴다는 건 힘든 일입니다. 하지만 그보다 더 힘든 일은,

내가 쓴 글을 인터넷에 올리고
책으로 만들어 세상에 내보내는 것입니다.

단어나 숫자 하나를 트집 잡아서,
그냥 제가 마음에 들지 않는다고,
댓글로 욕설을 남기는 분이 있기 때문이죠.
글을 쓰며 저는 깨달았습니다.
"세상엔 정말 다양한 사람이 있구나."

제가 제 삶과 꿈을 이야기하면
어떤 분들은 비웃으며,
"에이, 말은 누구나 할 수 있지."라고 비꼬기도 합니다.
하지만 저는 괜찮습니다.
제가 모든 걸 받아들일 수 있는 이유는
마음이 넓거나 착해서가 아닙니다.
저는 삶의 마지막 날까지
제가 책에 썼던 그대로 살아갈 것이기 때문입니다.
결국 제 삶이 제 글을 증명할 테니까요.

제 꿈은,
꿈을 이루기 위해 분투하며 사는 분들을 응원하는 것입니다. 그게 제 글에 대해 욕설을 남기는 분들도 사랑할 수 있는 이유입니다. 어떤 사람이든 모두 자기 삶에서 노력하고 있으니까요.

스스로 내 꿈을 결정했다면
어떤 말도 필요 없습니다.
내 삶이 증명하게 하세요.
생각만 해도 가슴 아플 정도로 소중한 그 꿈을
그대의 하루가 증명하게 하세요.

자신에게 의존하라

식당이나 술집에 가면 많은 사람이 고민에 빠진다. "뭘 먹어야 하지?"

음식을 먹는 시간보다 메뉴를 선택하는 데 더 많은 시간을 소비할 정도로 쉽게 "이거다!" 하는 메뉴를 정하지 못할 때도 잦다. 그러다 결국 "에이, 아무거나 먹자!"라며 함께 간 동료나 술집 주인이 대신 메뉴를 정해 주기를 바란다.

식당뿐만이 아니라 우리 삶에서도 비슷한 일이 일어나고 있다고 생각하지 않는가?

내 삶을 돌아보자.

나는 주도적인가?

내가 사는 오늘은 내가 선택한 오늘인가?

나는 내 삶을 스스로 선택하며 살고 있는가?

나는 왜 다른 사람의 선택 안에서 사는가?

이유는 간단하다.

지금 당장은 그게 안정적이기 때문이다.

하지만 그 안정은 오래갈 수 없다.

스스로 선택하지 않은 인생에 대한 대가는 불만과 불평으로 점철되기 때문이다. 누군가 골라 준 메뉴와 안주를 먹으며 우리는 "뭐야, 별로네. 다른 거 시킬걸." 하고 불평을 하게 된다. 어찌 보면 지극히 당연한 결과다. 자신이 주도적으로 고르지 않았는데 그게 어찌 입맛에 맞겠는가? 누군가의 선택으로 이뤄진 삶을 사는 사람에게 불평과 불만이 끊이지 않는 이유가 바로 여기에 있다.

자문해 보라.

"지금 나는 내 삶에 불만을 품고 있지 않은가?"

만약 불만과 불평으로 가득하다면 다른 사람의 삶을 살고 있을 가능성이 높다. 남의 말을 잘 듣는, 남이 하라는 대로 사는 어른의 삶을 선택하지 마라. 나이가 들수록 겁이 많아지는 이유는 타인과 경쟁하기 때문이다. 경쟁자에게 당할까 봐, 혹시나 나쁜 소문을 퍼트리고 다닐까 봐, 갑자기 배신당할까 봐 겁이 난다. 그 모든 이유는 남이 만든

판에서 타인의 삶을 살기 때문이다.

하지만 내 길을 걷는 사람의 얼굴을 보라. 그들이 화를 내고 불평하는 걸 본 적이 있는가? 그들이 불평하지 않는 이유는 모든 삶이 자신의 선택으로 이뤄졌기 때문이다. 아무도 흉내 낼 수 없는 자신의 길을 가며, 누구에게도 피해를 주지 않고 세상에 선한 영향력을 미치며 살고 싶다면 자신에게 의존하는 삶을 살라.

내가 《너를 스친 바람도 글이 된다》를 집필하며 가장 중요하게 생각한 건 나로부터의 변화다. 세상에서 가장 센 힘은 내가 가진 힘이다. 내가 가진 최고의 무기는 오직 나뿐이라는 사실을 잊지 말아야 한다.

누군가가 만든 길을 걸을 바엔 차라리 버려진 길을 걸어라. 지금 당장 스스로 사색하고, 세상이 아닌 자신에게 의존하라. 그리하여 세상이 기대하는 대로 살지 말고, 당신의 사색이 원하는 대로 살라!

당신이 원하는 삶을 살기 위해 필요한 것

3년 전부터 준비하고 있는 책이 하나 있다. 위대한 한 사람에 대한 책인데, 정말 말 그대로 3년 내내 준비만 하고 있다. 나를 너무나 힘들게 해서 생각만 하면 머리가 아플

지경이다. '오늘은 반드시 한 줄이라도 써야지!'라는 생각으로 모니터 앞에 앉아도 결국 포기하고 컴퓨터 전원을 끈다. 그리고 다시 준비 작업에 빠진다. 결국 지난 3년 동안 나는 쓰려고 하는 한 사람에 대한 생각만 하고 있고, 그 사람이 쓴 수많은 책을 수도 없이 되풀이해서 읽고 있다. 그가 꿈에 나타나 격려해 줄 정도니 내가 얼마나 노력하는지 짐작할 수 있을 것이다.

그런데! 도대체 왜 나는 단 한 줄도 쓰지 못하고 계속 준비만 하고 있는 걸까?

마침내 얼마 전 내가 자주 찾는 식당에서 의문이 풀렸다.

그곳은 사장이 직접 음식을 만드는 작은 식당인데, 손님이 많아서 아무리 바빠도 밥을 미리 만들어 두지 않았다. 사실 나는 사장의 행동을 이해할 수 없었다. 대개 이런 식당에서는 엄청나게 큰 업소용 전기밥솥을 사용하던데, 그는 주문이 들어올 때마다 밥을 새로 지어 손님에게 내놨다.

그에게 물었다.

"사장님, 왜 밥을 미리 만들어 놓지 않으세요? 미리 만들어 두면 손님도 더 빨리 드실 수 있으니 회전율도 좋아져서 더 많은 돈을 벌 수 있을 텐데."

내 질문에 그는 질문 자체를 이해할 수 없다는 표정으로 짧게 응수했다.

"왜 밥을 미리 만들어 둬야 하죠?"

사장의 그 짧은 한마디로, 동네에 흔한 백반집인 이 식당에 손님이 끊이지 않는 이유를 알 수 있었다. 그 짧은 순간, 나는 수백 권의 책에서도 배우지 못했던 지혜를 흡수했다.

지인 중에 콩나물을 기르는 사람이 있다. 많은 콩나물 판매 업체가 성장 촉진제와 농약으로 콩나물을 쉽고 빠르게 성장시켜 판매하지만 그는 다르다. 사실 약을 사용하지 않고 콩나물을 제대로 기르는 건 굉장히 까다로운 일이다. 10분의 오차도 없이 매일 정해진 시간에 맞춰 물을 주지 않으면 콩나물이 바로 시들어 버리기 때문이다.

그에게 물었다.

"왜 그렇게 고생하세요? 다들 성장 촉진제를 넣고 편안하게 콩나물을 기르던데."

그는 내게 이렇게 답했다.

"내가 왜 약을 넣어야 하죠?"

위대한 책이 위대한 사람을 만드는 걸까?

인간을 인간답게 살게 한다는 위대한 고전들은 이미 예전부터 다양한 계층의 사람들에게 필독서로 읽혔는데, 왜 세상의 온갖 비리와 살벌한 사건은 오히려 더 잔인해지고 포악해지는가?

'중요한 건 읽는 게 아니다.'

내 친구 중에는 외국 명문대에 유학을 다녀와 국내 유명 대학의 교수가 된 친구도 있지만, 생활이 어려워 고등학교를 졸업한 후 바로 취직한 친구도 있다. 후자의 친구는 살기 바빠 책을 읽을 시간조차 없다. 그래도 그는 앞서 소개한 식당 주인과 콩나물 업체 지인처럼 훌륭한 인품을 갖고 있다. 그는 나보다 더 인격적이고, 인간적이며, 합리적이다. 게다가 주변 사람들에게 신뢰를 받고 통솔력도 있다. 나는 지난 20년 동안 수천 권의 책을 읽었지만, 그를 만날 때마다 사람이 어떤 마음으로 인생을 살아야 하는지를 깨닫는다. 반드시 손에 책을 들고 글을 읽어야 위대하고 훌륭한 사람이라고 말할 수는 없는 것이다.

'중요한 건, 삶이다.'

내가 3년 동안 단 한 줄도 쓰지 못한 이유도 거기에 있었다. 단 한 줄도 쓰지 못한 것이 이상한 게 아니라 오히려 당연한 일이었다. 내가 아직 그 사람에 대한 책을 쓰기엔 능력이 부족했던 것이다. 그래서 지금도 여전히 그 높이에 도달하기 위한 준비 작업을 하고 있는 것이다. 준비 작업을 하며 성장해 나가는 셈이다.

원하는 삶을 살기 위한 방법은 단 하나다. 당신이 원하는 그 방향에 대해 부끄럽지 않은 이 순간을 보내야 한다. 비리가 아닌 실력으로, 비방이 아닌 인격으로 세상과 승부해야 한다.

   중요한 건 수많은 사람의 조언이나 강연을 듣는 일이 아니다. 다만 정성 들여 밥을 짓는 마음으로, 순리를 지켜 콩나물을 기르는 마음으로, 당신이라는 소중한 나무를 길러 나갈 수 있다면 그걸로 충분하다.
   당신의 하루가,
   당신의 인생이,
   세상에서 가장 훌륭한 책이다.

위대한 성과는
어떻게 만들어지는가

사색하우스의 정원에서 동물들이 남긴 대소변의 흔적을 목격하는 횟수가 늘어나면서 고민에 빠졌다.
'어떻게 하면 동물들이 오지 않게 할 수 있을까?'
울타리도 만들어 봤고,
고압적인 눈빛으로 협박하기도 했다.
하지만 모든 방법이 허사였다.

그러다 어느 날,
이 문장이 떠올랐다.
"배부른 돼지보다는 배고픈 소크라테스가 낫다."

이 짧은 문장이 오랜 세월의 고민을 풀어 줬다.

거름으로 쓰기 위해 사색하우스 구석에 만들어 놓은 음식물 보관 장소가 문제였다.

먹을 게 있는 곳엔 동물이 모인다.

음식을 치우자 동물이 나타나는 횟수가 줄어들기 시작하더니 어느 순간 자취를 감췄다.

우리가 세상에 속고 거기에 고통 받는 이유도 마찬가지 아닐까?

인간과 동물을 나누는 경계는 음식에 있다.

먹고사는 문제도 물론 중요하지만, 세상에 속지 않고 나의 길을 걷기 위해서는 정신적인 가치를 소중하게 생각해야 한다.

많은 사람이 내게 이런 고민을 털어놓는다.

"이 일이 정말 좋은데, 문제는 돈이 되지 않는다는 겁니다."

내 대답은 아주 간단하다.

"그 일을 마무리하면 받을 수 있는 돈에 대한 관심을 끊어요. 대신 과정이 주는 행복과 정신적인 만족을 충분하게 누리세요."

돈 문제로 고민하는 사람은 돈이 주는 고통에서 영원히 빠져나오기 힘들다. 나는 그간 위대한 예술가와 자수성가한 부자를 많이 만나 왔다. 그들의 환경은 모두 달랐지만 공통점이 하나 있었다.

"돈이 아닌 과정이 주는 행복에 집중하고, 거기서 정신적인 만족을 느꼈다."

그리고 그들은 자신의 삶에서 이 문장을 증명해 보였다.
"결과를 예상하지 않고 보내는 순간이
기대 이상의 결과를 만들어 내고,
돈을 생각하지 않고 보내는 순간이
결국 내게 돈을 준다."

물질과 세상의 유혹에 빠지지 마라.
누구도 자신이 걷는 길 끝에 무엇이 기다리고 있는지 알 수 없다.
지금 내가 걷는 길 끝에 무엇이 있을지는
세상이 결정하는 게 아니라,
이 길을 걷는 순간의 합으로 결정되기 때문이다.

중요한 건,
모든 걸 다 잊고
이 순간에 최선을 다하는 것이다.

나 자신이 보내는 순간을 믿어라.
"순간이 마법이다."

불가능한 일을
해내는 사람의 비밀

불가능해 보이는 일을 맡았을 때 어떤 생각을 하시나요? 아마 이런 불평 섞인 생각을 하는 게 보통일 겁니다.

'휴, 내가 이걸 할 수 있겠어?'
'대충 적당히 하지 뭐.'

맞아요.

불가능해 보이는 일을 맡으면 앞이 보이지 않고 막연한 불안감이 나를 고통스럽게 하죠. 하지만 제겐 그 불안감을 이겨 내는 방법이 있습니다.

바로 심장이 내는 소리의 미세한 떨림을 느끼려고 노력하는 겁니다. 중요한 건, 듣는 게 아니라 느껴야 한다는 겁니다. 살아 있다는 그 황홀한 느낌이 모든 불가능한 것을 이룰 수 있는 용기를 주기 때문이죠.

많이 힘든가요?
내일이 보이지 않나요?
그런데 사실 살기 좋은 세상은 없었습니다.
앞으로도 그럴 가능성이 높습니다.
세상은 변하지 않죠.
변화된 눈으로 세상을 보면

그제야 세상이 전혀 다르게 보입니다.

아무도 보는 사람이 없어도
내 안에서 오직 나를 위해 세차게 뛰어 주는
그 고마운 생명의 소리를 느껴 보세요.
뜨겁게 살아 숨 쉬고 있다면
내게 불가능은 없습니다.
생명은 모든 불가능을 지우니까요.

나는 지금 살아 있습니다.
내 심장도 날 위해 세차게 뛰고 있습니다.
나는 무엇이든 할 수 있는 사람입니다.

노력하지 않을 용기 | 제가 끝까지 포기하지 않는 정신을 강조하면 가끔 오해하는 분이 계십니다.
끝까지 포기하지 말라는 건,
'절대 노력을 멈추지 말라'는 의미가 아닙니다.

잘 이해할 수 없다고요?
세상에는 노력으로 이룰 수 없는 일도 있습니다.

노력을 멈춰야 할 때 멈추지 않으면

미래에 대한 막연한 불안감이 나를 아프게 합니다.

더 이상 버틸 힘이 없는데

가쁜 숨을 쉬며 억지로 힘을 내게 되죠.

그땐 노력을 포기해야 합니다.

엔진이 고장 나 더는 움직일 수 없는 상황에 빠지고 싶지 않다면, 때론 노력하지 않을 용기가 필요합니다.

노력을 멈춰야 할 때를 놓치면, 이후의 노력은 부정적인 방향으로 흘러갑니다.

우린 "노력이라도 해 봤어?"라는 말을 자주 합니다. 그런데 '노력이라도 하자'라는 마음으로는 원하는 것을 이룰 수 없습니다. 이미 그 문장 안에 '~라도'라는 부정적인 기운이 숨 쉬고 있으니까요.

노력을 멈춘다는 건 비겁하고 초라한 행동이 아니라, 세상에서 가장 현명한 용기 있는 선택입니다.

아무리 노력해도 원하는 삶을 찾지 못했다면

잠시 멈춰 가쁜 숨을 진정시키고,

모든 감정을 고요하게 가라앉히고,

한없이 차분해진 나를 만나세요.

눈을 감고,

다시 한 번 내 목표와 꿈을 그려 보세요.
내 안에 숨은 나를 만나세요.

누구나 자신의 때가 있습니다.
그런데 아무리 기다려도 때가 오지 않는 사람도 있죠.
문제는 바로 '멈추지 않는 노력'과 '생각하지 않음'에 있습니다.
'노력을 멈추고, 생각을 시작할 때'를 놓친 사람에게는 때가 찾아오지 않습니다. 정확하게 말하면 발견하지 못하는 거죠. 눈앞에 때가 지나가는데 그저 노력에만 집중하고 있었으니까요.

심장이 터질 것처럼 뛰는 것도 노력이지만,
무작정 뛰고 싶은 욕심을 내려놓고
노력하지 않는 순간을 선택하는 것도 나를 위한 값진 노력입니다.

16 어른

틀에 박히지 말고
틀을 창조하라

어른의 자격 | 조용한 분위기에서 대통령이 연설하고 있는 도중, 한 젊은 청년이 허락 없이 끼어들어 분노에 찬 얼굴로 이렇게 외친다.

"행정 명령권을 발동해 이민자 1150만 명의 추방을 멈춰 주세요! 당신은 추방을 중단시킬 권한이 있잖아요. 우린 이민 개혁법 통과를 지지합니다. 추방을 멈춰라. 우린 할 수 있다!"

2013년 미국의 오바마 대통령이 이민 개혁법 통과를 촉구하는 연설을 하던 중에 일어난 일이다. 한인 청년 한 명이 거칠게 소리치며 끼어들자 이를 지지하는 주변 사람들까지 '이민자 추방 중단' 구호를 외쳤다. 더 이상 대통령이 연설하기 힘들어지자 경호원들은 청년을 끌어내려고 했다.

하지만 오바마는 경호원을 막으며 이렇게 말한다.
"아니요! 그냥 여기 있게 해 줍시다. 가족을 걱정하는 저 청년의 열정을 존중합니다. 하지만 이민 문제를 해결하는 건 소리 지르는 것만큼 쉬운 일이 아닙니다."

그리고 그는 뒤로 돌아 자신의 연설을 방해한 청년을 바라보며, 가족을 사랑하는 청년의 뜨거운 마음에 오히려 경의를 표했다. 그러곤 민주주의란 소리로 해결하는 게 아니라 민주적 절차를 지켜야 한다는 점을 설득하면서 연설을 마쳤다.

연설이 끝나자 박수가 쏟아졌다. 그렇게 그를 미워했던 사람들이, 항의하기 위해 방문한 사람들이 오히려 몇 분 사이에 완전히 달라져 오바마를 향해 엄지손가락을 번쩍 추켜올리는 등 그의 열렬한 지지자가 된 것이다. 아, 그 모습이 어찌나 아름답던지 나는 눈물까지 흘렸다.

'만약 한국이라면'이라는 가정이 우리의 마음을 아프게 한다. 한국의 리더들도 오바마처럼 상대를 존중하고 너그럽게 받아들이는 관용의 모습을 갖출 수는 없을까? 하지만 현실을 비관하며 살기엔 우리의 남은 삶이 무엇보다 소중하다. '왜 대한민국에는 이런 리더가 없느냐?'며 비판만 하는 것을 멈추고, '내가 그 어른이 되겠다!'는 간절한 소망을 품어야 한다.

지금 우리에겐 자신을 지지하지 않는 사람들까지 돌려세워 엄지손가락을 번쩍 들게 하는 오바마가 지닌 어른의 힘이 필요하다. 어른이 되는 게 중요한 이유는, 어른은 또 다른 어른을 만들어 내기 때문이다. 만약 오바마가 저 젊은 한인 청년의 말을 듣지 않고 내쫓았다면 그는 평생 오바마를 미워하며 살았을 것이다. 세상이 자신의 이야기를 들어 주지 않는다며 강자를 증오하는 삶을 살았을 것이다. 하지만 오바마는 그의 이야기를 경청하고 포용하며, 젊고 패기만 가득한 그에게 용기를 줬고, 스스로 어른으로 성장할 수 있도록 만들었다. 어른이 어른을 만들고, 세상은 그렇게 아름다워진다.

어른이 되기 위한 시작은 약자에 대한 관용이다. 주변을 살펴보면 무슨 일이 일어났을 때 해결 수단으로 소리를 지르는 사람이 있을 것이다. 그저 소리만 지르는 사람은 기가 센 사람이 아니라 오히려 안타까운 사람이다. 일을 해결하기 위해 할 방법이 소리를 크게 지르는 것밖에 없기 때문이다. 방법이 없어지면 소리가 커진다.

약자인 그들을 포근하게 안아 주라. 그들의 이야기를 들어 주고 함께 의논하며 아파하라. 어른이란 소리만 지르는 약자의 마음을 포근하게 안아 주고, 그 일을 아름답게 해결해 주는 사람이다. 약자에 대한 사색을 통해 우리는 비로소 어른으로 성장할 수 있다.

물론 쉬운 일은 아니다.
하지만 오바마는 이렇게 말했다.
"당신의 실패가 당신을 정의하게 가만히 놔두지 마라!"

나의 모든 삶은 내가 정의해야 한다. 실패라는 놈이 당신의 삶을 정의하게 가만 놔두지 않기를 바란다. 내 삶은 내가 정의하겠다는 단단한 용기가 당신의 뜨거운 가슴에 영원히 머물길 소망한다.

도토리를
줍다가

가을,
한적한 시골길에서
도토리를 줍다가 뱀을 발견하곤
깜짝 놀라 뒷걸음질 치며
나는 내게 질문했다.
"뱀은 계속 그 자리에서 꼬리를 흔들며 나를 잔뜩 노려보고 있었는데, 나는 왜 미리 발견하지 못한 걸까?"
그리고 나는 깨달았다.

욕심을 부리며 땅에 떨어진 도토리를 줍는 데 정신이 팔려, 내게 다가오는 불행의 신호를 알아채지 못했던 것이다.
그래.
불행은 예고 없이 찾아오는 게 아니라,
언제나 내게 신호를 보내 주는구나.

다람쥐에게 양보하려는 마음을 가졌다면
이렇게 놀랄 일도 없었을 것을.
내 욕심이 나를 아프게 했구나.

이 계절은 이렇게 푸른데,
나는 내 어두운 욕심을 채우느라

가을이 주는 향기도 느끼지 못했구나.

세상은 이렇게 아름다운데,
그걸 발견하지 못하고 세월만 보내는 나는,
어른이 되려면 아직 멀었구나.

**가장 중요한 일을
발견하고 실천하는 법**

운전을 하다 보면 앞차가 시속 30킬로로 달려도, 속도를 내서 130킬로로 달려도, 속도에 상관없이 뒤에 자석처럼 달라붙어서 달리는 차가 있다.

그 차의 운전자는 짜증 난다는 표정으로 이렇게 말한다.

"에이! 앞차는 왜 이렇게 안 가는 거야?"

집주인은 오래된 작은 자동차를 타는데, 그 집에 월세를 내고 살면서 신형 외제 차를 타고 다니는 사람이 있다.

그는 운전석에 앉으며 이렇게 말한다.

"누군 앉아서 돈 벌고, 나는 왜 이렇게 살아야 하지? 세상은 불공평하다!"

앞에 가는 차가 평균 속도 이상으로 달리지만 가지 않는 것처럼 느겨지는 이유도, 내가 집주인에게 월세를 내며 불공평하게 살아야 하는 이유도 사실 내 안에 있다.

물론 환경도 중요하다. 아무리 아껴도 돈이 잘 모이지 않는 환경에 사는 사람도 있고, 집보다는 좋은 자동차를 타는 게 행복한 사람도 있다. 모두 이해하고 공감한다.

그런데 내가 여기서 말하고 싶은 건 환경이나 기호에 대한 문제가 아니다. '세상에서 가장 중요한 일은 주로 사람들이 잘하지 않는 일'이라는 사실을 말하고 싶은 거다.

누구나 잘 알고 있지만 행동으로는 옮기지 않는 것들이 바로 세상에서 가장 중요한 일일 가능성이 크다. 반면에 쓸모없는, 하지 않아도 될 일은 사람들이 가장 잘하는 일이다. 술과 담배, 분노, 미움, 자만, 폭식, 늦잠 등 온갖 쾌락의 무절제한 행동은 사람들이 가장 잘하는 일임과 동시에 가장 할 필요가 없는 일이다.

한편 홀로 사색하기, 계획한 대로 살기, 금주, 금연, 겸손, 믿음, 사랑 등 절제가 필요한 행동은 꼭 해야만 하는 일이다.

세상에서 가장 중요한 일을 발견하는 법은 이토록 단순하다. 모든 사람이 해야 한다고 알고 있지만, 아무도 하지 않는 것들을 하면 된다.

한편으론 내 말에 이렇게 응수하는 사람들이 있다.

"그걸 누가 모르나요? 다들 알고 있지만 못하고 있는 거지."

그럼 나는 이렇게 답한다.

"당신은 왜 내 입에서 아무도 모르는 이야기가 나오기를 바라나요? 진리는 단순합니다. 남들이 알면서도 하지 않는 일이 내가 반드시 해야 할 세상에서 가장 중요한 일입니다. 그리고 당신은 정말로 알고 있지 않습니다. 알지만 실천하지 못한다는 건 모른다는 말입니다."

앎과 실천은 하나다.

실천하지 못한다는 건 알지 못한다는 것이다. 제대로 알면 몸이 저절로 움직이게 된다. 내가 글과 강연을 통해 같은 말을 계속 되풀이하는 것도 마찬가지다. 나는 강의할 때 지난번에 했던 말을 반복하는 걸 두려워하지 않는다. 내가 정말 두려운 건, "지난번에 했던 말씀이잖아요."라는 말보다, "알고 있지만 실천이 되지 않네요."라는 청중의 피드백을 받는 일이다. 내 강의가 그의 삶에 전해지지 않았음을 의미하는 거니까.

세상에서 가장 중요한 일을 발견하는 건 누구나 할 수 있다. 문제는 그걸 실천하는 것이다.

답은 '사랑'이다.

마더 테레사가 상찬한 세계적인 영적 스승 데이비드 호킨스 박사에 따르면, 삶에서 사랑을 실천하는 의식 수준을 가진 사람은 세계 인구의 4퍼센트밖에 되지 않는다고 한다. 내가 아무리 사랑의 중요성을 강조해도 그게 쉽지 않은 이유가 여기에 있다. 사랑은 말처럼 쉬운 게 아니다.

내가 추천하는 방법은 이 문장 안에 있다.
"사랑할 수 없는 사람을 사랑하라."
나는 늘 '세상에 사랑할 수 없는 사람은 없다'고 생각하며, 나를 미워하고 증오하는 사람을 만나도 미소를 지으면서 '귀엽네, 사랑스럽네'라고 생각하며 행동한다. 물론 가끔 나도 마음이 흔들릴 때가 있다. 그럴 때마다 나는 이 문장을 떠올린다.
"사랑이란,
상대가 내게 무엇을 주기 때문에,
상대가 내게 필요해서 하는 게 아니라,
그냥 하는 것이다.
세상을 향해 뻗어 나가는 순수한 긍정의 마음이다."

쉬운 일은 아니다.
어렵다. 나만 손해 보는 느낌이 들 수도 있다.
하지만 '숭고한 사랑의 의식 수준을 갖는 건 고통보다 빛나는 아름다운 일'이라는 사실을 잊지 않기를.
내 안의 사랑이,
내가 발견한 일을 실천할 수 있는,

진정한 앎의 세계로 나를 인도할 테니까.

**진정 나를
슬프게 하는 것은** | 어느 날,
평화롭게 흘러가는 구름을 바라보다가
아주 우연히

앙상하게 뼈만 남은 노인이 허리를 잔뜩 구부린 채
바람보다 쓸쓸한 모습으로 서 있는 모습을 목격했다.
무슨 일이 있었는지 모르지만
노인의 눈엔 눈물이 맺혀 있었다.

세상이라는 낮은 문에 적응하기 위해
더욱더 낮춰야만 했던 노인의 허리와
눈물이 마를 새가 없던 눈이 나를 슬프게 한다.

하지만 진정으로 나를 슬프게 하는 건
노인의 굽은 허리와 눈물이 전부는 아니었다.

언젠가
나도 저 노인처럼
공허하도록 아픈 눈으로 하늘을 바라보며,

두 눈을 가린 뼈만 남은 손가락 사이로
기어이 눈물을 흘려보내게 될 거라는 생각이
내 등골을 차갑게 지나갈 때마다
슬픔보다 깊은 슬픔을 느낀다.

나는 나를 가장 잘 알고 있습니다

세계적인 투자가인 워런 버핏은 이렇게 말했다.

"포커판에 30분 동안 앉아 있는데도 누가 호구인지 찾아내지 못했다면, 바로 자기 자신이 호구라고 생각하면 된다."

때로 삶은 도박보다 치열하고 냉정하다. 도박판에서조차 일어나지 않는 말도 안 되는 상황이 자주 일어나 나를 아프게 하기도 한다. 슬픈 사실은 도박판의 호구처럼 삶에도 호구가 있다는 것이다. 교활한 사람들은 대개 자신의 힘이 아니라 남의 힘으로 돈과 명예를 얻어 살아간다. 안타까운 건 이용당하는 사람이 자기가 이용당하는 줄도 모르고, 설상가상으로 자기를 이용하는 사람을 존경하고 무조건 따른다는 사실이다.

나는 이용하는 사람도, 이용당하는 사람도 많이 알고 있다. 하지만 그 관계를 억지로 끊게 해 주는 건 생각보다 어렵다. 이용하는 사람은 그게 밥줄이고, 이용당하는 사람은 앞서 언급한 것처럼 자기가 이용당하는 줄도 모르고 이용하는 사람을 존경하고 신뢰하기 때문이다. 하지만 그렇다고 이용만 당하는 사람을 그냥 두고 볼 수는 없는 노릇이다. 내가 글을 쓰는 이유는 결국 모든 사람이 자기 삶을 살 수 있도록 돕는 거니까.

자신의 삶을 한번 돌아보라.
- "나를 믿고 조금만 고생하면 된다."는 말만 믿고 힘을 다해 그를 돕고 있는데, 그 사람은 나날이 성장하고 명예를 얻지만 나만 제자리걸음이라면.
- "처음엔 다 그런 거야. 어렵고 힘들고 그렇지. 하지만 걱정하지 마. 내가 너를 위해 최고의 방법을 준비해 놨으니까. 나만 믿으면 부자 된다."라는 말만 믿고 그 사람의 노하우를 배우고 있는데, 속는 기분이 들고 수강료만 엄청나게 나간다면.

만약 이런 상황에 빠졌다면
버핏의 말을 주목하라.

"주식 시장의 호구들은
늘 남들이 하는 말만 연구한다."

우리가 누군가의 말에 현혹되어 삶을 낭비하는 건 타인의 말과 행동에 너무 많이 신경을 쓰기 때문이다.

타인의 말과 행동에 신경을 쓰는 한, 나는 그 사람의 것이다.

'내가 나를 소유하지 못하니,

타인이 나를 소유하는 것이다.'

내 소중한 삶과 시간이 모두 타인을 위한 것이라는 말이다. 타인을 연구하지 말고 나를 연구하라. 내가 나의 삶을 살기 위해서는 나를 가장 잘 알아야 한다.

세상에 없던 유일한 길을 발견하고,

포기하지 않고 길을 걷는 사람들은 언제나 이렇게 말한다.

"나는 나를 가장 잘 알고 있습니다."

현명하게 일한다는 것에 대하여

20년 이상 열심히 노력해서 자기 분야에서 성공한 사업가가 있다. 많은 사람이 그의 성공을 축하했다.

그런데 사람 마음이 그렇다.

한 분야에서 성공하면 자꾸 다른 곳을 기웃거리게 된다.

'어떤 사업을 해도 성공할 것 같다'는 마음 때문이다.
그는 결국 다른 사업을 시도하다가
지금의 그를 만들어 준 자기 분야의 사업까지 망했고,
최근엔 개인 파산 신청을 했다.

'내가 다 할 수 있다'는 욕심을 버려야 한다.
처음엔 순수한 자신감으로 시작하겠지만,
나중에는 타인을 무시하는 감정으로 변하게 되면서
끝없이 교만해지고 허영에 빠지기 때문이다.

내가 모든 걸 다 할 필요는 없다.
기업에서도 부서에 따라 맡은 일이 다르다.
기획자와 마케터가 서로의 일을 기웃거리는 건 현명한 행동이 아니다.
기획과 마케팅을 병행하는 직원보다는
마케팅이 필요 없을 만큼 훌륭한 기획을 하고,
기획이 필요 없을 만큼 훌륭한 마케팅을 하는 직원이 되라.

최고의 마케터, 최고의 기획자가 되라.
세상은 자기 일을 잘하는 사람이 모여 돌아간다.

나는 오랫동안 기획자로 일했다.

당시 내 목표는 '마케팅 없이 저절로 팔리는 상품을 만드는 것'이었다.

물론 마케팅 업무를 무시했던 건 아니다.

다른 업무에 대한 존중은 내 일을 집중하는 마음에서 나온다.

마케팅 업무를 존중했기 때문에 내 일에 집중할 수 있었다.

내가 모든 걸 다 할 필요는 없다.

어떤 일을 하든

내가 가장 잘하는 그 분야에서 최고가 되라.

성공한다는 것에 대하여

"내년 초까지 10만 장 판매 예상!"

대체 어떤 상품을 말하는 걸까?

주인공은 바로 한국인으로는 처음으로 국제 쇼팽 피아노 콩쿠르에서 우승한 피아니스트 조성진이다. 콩쿠르 실황 연주 음반 5만 장이 발매 일주일 만에 매진될 정도로 세계가 그를 주목하고 있다.

수많은 인터뷰에서 그에게 '성공했다'는 말을 쓰면서 성공 비결을 묻는다. 하지만 정작 그는 "아직 성공하지 않았습니다."라고 말하며 이런 이야기를 들려준다.

"제 목표는 귀한 연주를 하는 것입니다. 그걸 이루지 못했으니 저는 아직 성공한 게 아닙니다."

그리고 "유명해지고 싶지 않습니까?"라는 질문에는 이렇게 응수한다.

"유명해지는 건 황홀한 일이지만, 저에게는 탁월한 음악가가 되는 게 더 중요합니다."

그가 자신에게 1점을 준 심사 위원마저도 존중할 수 있는 이유는, 그가 유명세보다는 탁월해지기를 바랐기 때문이다. 만약 유명세에 집착했다면 자신에게 1점을 준 심사 위원을 '존중'하는 대신 '증오'라는 감정을 선택했을 것이다. 하지만 탁월성을 삶의 목표로 삼았기 때문에, 자신에게 악평하는 사람들의 이야기까지 수용하고 고속으로 성장할 수 있었다.

천재 음악가 베토벤은 이렇게 말했다.

"언제나 행위의 동기만을 중요하게 여기고 결과는 생각하지 마라. 보수에 대한 기대를 행위의 근거로 삼는 사람이 되지 마라. 정진해서 의무를 다하라. 좋든 나쁘든 결과에 대한 생각을 일체 지워 버려라. 참다운 현자는 결과의 선악을 고려하지 않는다. 그러므로 너의 이상을 그와 같이 훈련하도록 노력하라."

조성진은 결과가 주는 달콤함을 생각하지 않았다. 그래서 열일곱 명의 심사 위원을 위한 연주를 하는 대신, 자신이 생각한 쇼팽을 치려고 했다. 모두를 만족시키는 것보다 자신을 만족시키는 게 우선이라는 사실을 알고 있었던 그는 이렇게 말했다.

"제 안에서 음악적 아이디어들끼리 쉬지 않고 접전을 벌이고 있어요. 그중에서 살아남은 생각을 무대 위에서 보여 줄 겁니다."

콩쿠르를 준비하는 동안 "쇼팽만 연주하고, 쇼팽처럼 살았습니다."라고 자신 있게 말하는 그의 태도를 통해, 어떤 분야에서 독보적인 존재가 되려면 어떻게 생각하고 행동해야 하는지 그 답을 얻을 수 있다.

그는 부정적인 현실에서도 긍정적인 요인을 발견해 냈다. 유학 시절 한 단체에서 빌린 50년 넘은 피아노로 연습해야 했는데, 유명 브랜드 제품도 아니었고 오래되어 소리도 제대로 나오지 않았다.

하지만 그는 이렇게 생각했다.

'스트레스는 받지만 연습하기에는 좋다. 이 정도 피아노로 잘 연주하게 되면, 나중에는 어떤 피아노로 연주해도 잘할 수 있다.'

결국 그가 생각하는 성공은 '만족'이라는 단어로 표현할 수 있다. 내가 만족할 수 있는 탁월한 음악을 내게 들려주고 싶은 그 마음. 사랑하는 내게 귀한 연주를 들려주고 싶은 그 마음이 지금의 그를 만들어 낸 것이다.

당신은 무엇에 만족하는가?
그게 무엇이든 지금 가장 중요한 건,
나를 만족시킬 수 있는 가장 귀한 것을 내게 주는 일이다.

세상에서 가장 비싼 75억짜리 운동화

얼핏 보기에도 일흔이 넘어 보이는 부부가 방바닥에 앉아 익숙한 모습으로 낡은 신발을 수선하고 있다. 떨어진 밑창을 접착제로 붙인 그들은 만족한 얼굴로 일어나 마침 찾아온 손님을 맞이한다. 대체 여기는 어딜까? 부부가 운영하는 구두 수선방?

당시 부부를 찾아온 손님들은 한 대학의 관계자였고, 놀랍게도 신발을 수선하던 부부는 그간 모은 75억 원 상당의 상가를 그 대학에 기탁한 사람들이었다.
부부의 운동화가 너무 낡은 것을 발견한 대학 관계자들은 치수를 알아 뒀다가 '발전 기금 약정식' 자리에서 두 사람에게 운동화 한 켤레씩을 선물했다.

평생 모은 돈 75억을 대학에 전달하는 자리.

부부는 행사가 진행되는 내내 웃는 모습이었다.

나는 그 웃음을 보며 '사람이 사람에게 아름다움을 느낀다는 게 바로 이런 거구나.'라는 사실을 깨닫게 되었다.

결코 외모의 아름다움 때문이 아니었다. 게다가 꾸미고 올 법도 한 자리에 부부는 점퍼 차림에 운동화를 신고 있었다. 여기저기 꿰맨 자국이 있는, 시장에서 파는 1000원에 두 켤레짜리 양말에 밑창이 떨어져 여덟 번이나 접착제로 붙인, 산 지 6년이 지난 낡은 운동화를 신고 있는 부부의 모습. 그런데 그게 어찌나 아름답던지…….

부부는 웃으며 이렇게 말했다.

"적은 돈이지만 썩지 않는 신선한 곳에 두고 갑니다. 돈 많은 분들이 너무 자기 자식한테만 집착하지 않았으면 좋겠어요. 한국을 위해 의미 있게 돈을 쓰길 바랍니다."

이쯤에서 깊은 사색으로 세상을 향한 부부의 사랑을 느낄 수 있어야 한다.

이런 소식을 들을 때마다 우리는 "이런 사람이 있어 아직은 살 만하네."라고 말한다. 하지만 세상을 조금이라도 아름답게 하고 싶다면, 이런 사람이 있어서 아직은 살 만하다고만 말하지 말고 자기도 그런 사람이 되어야 한다.

물론 "나 먹고살기도 힘들다."라고 응수하는 사람도 많을 것이다.

하지만 75억을 기부한 부부도 가난했던 과거 어느 날, 누군가가 선행하는 모습을 바라보며 지금의 우리와 비슷한 감정을 가졌을 것이다.
다만 부부가 우리와 다른 건,
우리가 "아직은 살 만하네."라고 반응했을 때,
그들은 '나도 저런 사람이 되어야겠다.'라고 생각했다는 것이다.
그들은 비록 가난했지만, '우리가 모은 돈을 나중에 모두 기부하자'는 꿈을 가졌고, 실제로 그 말을 실천했다.
"부부는 평생 어렵게 모은 돈을 기부한 게 아니라,
세상을 사랑하겠다는 소중한 꿈을 이룬 것이다."
그 아름답고도 절절한 기쁨을 느낄 수 있어야 한다.

물론 이 아름다운 이야기에 이런 댓글을 남기는 사람도 있다.
"에이, 자식들은 서운하겠네."
"혹시 숨겨 둔 재산이 500억 정도는 되는 거 아닐까?"
"대학생보다 어려운 가정을 돕는 게 낫지 않나?"

세계 최고의 사업가로 유명한 스티브 잡스는 죽기 전 이런 말을 남겼다.
"나는 내 사업으로 성공의 절정에 올랐다. 사람들이 보기에 내 인생은 성공의 전형적인 모습이었을 것이다. 하지만 정작 내겐 일 빼놓고 즐거움이 없었다. 내게 재산이란 그저 익숙해진 삶의 일부분이었을 뿐이다. 병상에 드러누워 내 삶 전체를 회고해 보는 이 순간, 나는 이제야 깨닫는다. 내가 그처럼 원했던 그 많은 재산과 명성은 내 앞에 다가온 죽음 앞에 희미해져서 별 의미 없는 것이 되어 버렸다는 사실을.

(중략)

신은 우리에게 사랑을 느낄 수 있는 감각을 주셨다. 하지만 돈이 가져다주는 환상으로는 절대 그것을 느낄 수 없다. 평생 성취한 부를 나는 가져갈 수가 없으니까. 내가 가져갈 수 있는 건 사랑에 빠졌던 소중한 기억뿐이다. 사랑하는 사람은 어디든 갈 수 있다. 사랑에는 한계가 없다."

온갖 어려움에도 불구하고 우리가 사랑해야 할 이유는 분명하다. '돈은 인간이 만든 것'이고, '사랑은 신이 준 선물'이기 때문이다.

가난했지만 세상을 사랑하는 마음으로 살아온 부부.
그들이 6년째 신고 있는 신발은
세상 무엇과도 바꿀 수 없는 보물이다.
그 안에 붉은 사랑이 담겨 있으니까.

가난을 이겨 내는 힘은 돈이 아니라 사랑에 있다.
오직 사랑만이 내 삶을 아름답게 해 준다.

17 믿음

두려움을 완전히 떨쳐 버린 후
얻는 강력한 힘

나는 내 희망을 믿습니다

간혹 말을 함부로 하거나 예상할 수 없는 행동을 하는 사람이 있습니다.

다 그런 건 아니지만,
그들의 내면을 자세히 살펴보면
"나는 잃을 게 없는 사람이야."라고 외치는 소리가 들립니다.
잃을 게 없으니 내 마음대로,
하고 싶은 대로 하며 살게 됩니다.

세상에서 가장 무서운 진실은
사람은 생각한 대로 살게 된다는 것입니다.
잃을 게 없는 사람일수록
잃을 게 많다고 생각하고 살아야 합니다.

게다가 당신은 정말 잃을 게 많은 사람입니다.
힘들어도 멈추지 않고 달려온 '세월',
믿고 응원하고 지지해 주는 '가족',
조금씩 키운 소중한 '꿈',
이토록 빛나는 것들을 가지고 있으니까요.

저도 암흑뿐인 세월이 있었습니다.

하지만 어둠으로 가득한 이 골목을 돌면
빛나는 태양이 나를 기다리고 있을 거라 생각하면서
힘든 하루를 웃으며 견뎠습니다.
저는 지난 20년 동안
제 눈에만 보이는 희망을 보며 살았습니다.

물론 세상은 언제나 나를 흔듭니다.
하지만 꼭 기억하세요.
"너에게 희망이 있을까?"라고 말하는
세상의 말에 흔들리면 안 된다는 사실을.
아름답게 빛나는 내 마음속의 태양이
남의 눈에 보일 필요는 없습니다.
내 눈에만 보이면 그걸로 충분합니다.

세상에 외치세요.
"빛나는 태양을 안고 사는 나는 잃을 게 많은 사람입니다.
지금부터 나는 내 희망을 믿고, 멋진 내일을 기대합니다.
나는 나를 기대합니다."

**삶을 바꾸는
믿음에 대하여** |

세상에는 이유 없이 다른 사람을 미워하는 사람이 많습니다. 나는 좋은 마음을 갖고 있는데, 어떤 사람들은 자꾸만 내 진심을 발견하지 못하고 제 결점을 발견해 세상에 알리려고 합니다. 아무리 선한 사람이라도 그게 반복되면 상대에게 가졌던 좋은 마음이 사라지고, 세상에 대한 의심만 가득해지게 되죠.

왜 그럴까요?

'사람'은 믿는 것보다 의심하는 게 쉽고,
'희망'은 가지는 것보다 버리는 게 쉽고,
'꿈'도 이루기보다 포기하는 게 쉽기 때문입니다.

"당신은 왜 소중한 시간에 당신이 가진 것들을 의심하며 살고 있나요?"

우리가 '사람'에 대한 '희망'을 갖고 '꿈'을 꾸지만 그게 쉽게 이뤄지지 않는 이유는 자꾸만 의심하기 때문입니다. 의심은 모든 걸 단숨에 해체하는 강력한 폭탄입니다. 100년 동안 쌓은 확신도 단 한순간의 의심으로 처참하게 무너져 내립니다.

저는 다양한 경로를 통해 매일 독자의 고민을 듣습니다. 이야기를 듣다 보면 안타까운 마음을 감출 수가 없습니다. 스펙도 화려하고 창창하게 펼쳐진 길이 있음에도 그들이 방황하는 건 자신에 대한 믿음이 부족하기 때문이었습니다.

저는 세상에 자신을 아주 강력하게 믿는 사람이 많아지길 바랍니다. 그래서 작년부터 믿을 수 없는 사람을 믿는 걸 제 삶의 목표로 세웠습니다. 누가 봐도 저를 속이는 상황일지라도, 저를 이용해 무언가를 해 보려는 의지가 보여도 저는 상대를 믿기로 했습니다. 제가 수없이 속아도 행복한 얼굴로 그들을 끝까지 믿는 이유는 간단합니다. 그들은 태어나 한 번도 누군가의 강력한 믿음을 받아 본 적이 없는 불쌍한 사람들이기 때문입니다. 그들이 더는 남을 속이고 이용하며 살지 않도록 믿음의 강력한 힘을 스스로 느끼게 해 줘야 합니다. 믿음은 한 사람을 제대로 살게 해 주는 아주 강력한 마음의 기술입니다. 그러니 아무리 속아도 제가 행복하지 않을 수 있을까요?

당신도 당신의 하루를 믿으세요.
조금 더 성장하고 싶어 간절하게 노력하고 분투했던 당신의 어제를 믿으세요. 당신이 흘린 땀방울이 헛되이 마르게 내버려 두지 마세요.
당신이 흘린 땀방울 안에 보이는 선명한 무지개의 존재를 믿으세요.
'눈물이 없는 눈에 무지개가 뜨지 않듯, 믿음이 없는 삶에도 무지개가 뜨지 않습니다.'

한 사람에게 주어진 가장 강력한 무기는 재능이 아니라 자신에 대한 믿음입니다. 당신이 어제 흘린 땀의 가치를 믿으세요. 더 이상 당신의 하루를 의심으로 채우지 마세요.

이 거대한 세상이 두렵다고요?
그렇다면 당신이 처한 상황을 완전히 바꿔 버리세요. 세상이 당신이라는 존재를 두려워할 정도로 당신 자신을 믿으면 가능해집니다.
물론 강력한 믿음이 때론 강력한 실망으로 돌아올 수도 있겠죠.
하지만 뭐 어때요?
남도 아닌 자신에게 받은 실망인데, 웃으며 다시 한 번 더 강력하게 믿어 주면 되는 거죠. 세상에서 가장 힘센 사람은 자신을 믿는 사람입니다.

'이젠 세상 앞에서 떨지 말고,
세상이 벌벌 떨게 하세요!'

그럼에도 내가 나를 믿어야 하는 이유

요즘 "작가님, 저는 자신을 믿을 수가 없습니다."라고 말하는 분이 많습니다. 자신에게 어떤 재능도 없다는 사람을 상담할 때마다 저는 이런 이야기를 들려줍니다.

저는 글을 쓸 때 늘 반복하는 행동이 하나 있습니다.

원고지 다섯 매를 완성할 때마다 처음부터 글을 소리 내어 읽어 보는 거죠. 읽으면서 내게 감동이 느껴지지 않으면 모두 삭제하고 다시 글을 씁니다. 스스로 감동을 느끼지 못하는 글을 세상에 내보낸다는 건 작가로서 미안한 일이기 때문입니다.

"도대체 왜 그렇게까지 해야 하느냐?"라고 묻는 사람도 있죠.

제가 이런 고통을 반복하는 이유는, 34권의 책을 냈고 매일 꾸준히 글을 쓰지만 글을 쓴다는 건 여전히 저로선 세상에서 가장 힘든 일이기 때문입니다.

제가 가장 사랑하는 일이 저를 가장 힘들게 합니다.

사랑하기 때문이겠죠.

조금이라도 더 완벽한 것을 주고 싶은 그 마음이 나를 힘들게 합니다. 하지만 저는 그게 행복한 고통이라는 사실을 알고 있습니다.

저는 글에 재능이 없습니다.

제가 가진 유일한 재능은,

어제까지 쏟아 낸 노력의 합에서 나오는 자신감입니다.

제게 글은 영원히 정복할 수 없는 산입니다.

하지만 이 높고 거친 길을 올랐기 때문에
나는 내가 될 수 있었습니다.
어둡고 아픈 시간을 보냈기에
나는 내가 될 수 있었습니다.

아무도 나를 필요로 하지 않던 시절도 있었죠.
세상은 내가 세운 목표를 버리라 했지만,
그런데도 내가 그 아픈 시절을 견딜 수 있었던 이유는
내겐 내가 필요했기 때문입니다.

아무도 내가 필요 없어도
내겐 내가 필요합니다.
그게 내 꿈이 무엇이든
나만은 나를 믿어야 할 유일한 이유입니다.
'나는 나를 믿습니다.'

괜찮아, 넌 충분히 잘하고 있어

누구나 가끔 이런 생각을 할 때가 있지. '다들 엄청난 꿈을 세우고 분 단위로 바쁘게 움직이며 저 멀리 앞서 나가고 있는데, 혹시 나만 멈춰 있는 건 아닐까? 나, 이렇게 살아도 괜찮은 걸까?'

나는 이렇게 조언하고 싶어.
"멈춰 있는 걸 불안해하지 마라."

삶은 '비평'과 '창조'의 반복이야.
나를 사랑하는 사람만이 나를 아프게 할 수 있는 것처럼, 나를 신랄하게 비판할 수 있는 사람만이 위대한 창조를 이룰 수 있지.

이를테면 멈춰 서 있는 때는 내가 나를 비평하는 시기야.
다시 간단하게 말해서 '나를 깊이 사랑하는 시간'이라고 볼 수 있어.
그리고 사랑이 뜨거워지면 떠나야 하는데,
나는 그곳을 '창조의 길'이라고 불러.
홀로 걷는 길이고
처음 걷는 길이기 때문에
많이 아프고 힘든 게 사실이야.
하지만 그럼에도 멈추지 않는 이유는
뜨겁게 사랑한 기억이 힘이 되어 주기 때문이지.

보통 사람은 열 번을 살아도 이룰 수 없는 것을 한 번의 생에 창조한 괴테는 자신의 삶을 단 두 마디로 이렇게 표현했어.
"사랑했고, 아파했다."
세상에 이것보다 삶의 진리를 완벽하게 알려 주는 말이 또 있을까?

다른 사람이 뛴다고 너까지 뛰지 마.
너에게도 곧 마음껏 뛸 날이 올 테니까.
괜찮아, 괜찮아, 정말 괜찮아.
멈춤을 두려워하지도 아파하지도 마.
내가 지금 멈춰 선 이유는,
나를 더 사랑하고 위대한 것을 창조하기 위함이니까.

"다만 부족한 만큼 더 사랑하고,
사랑한 만큼 아파하길."

나를 사랑할 수 없는 사람은
내일의 희망을 꿈꿀 수 없으니까.

내겐 나의 때가 있습니다

많은 사람이 말합니다.
"버티기 힘들 정도로 정말 힘듭니다."
"제 꿈이 이뤄질 수 있을까요?"

주변을 보면 갑자기 모든 일이 잘 풀리는 사람이 있죠.
그의 성공을 바라보며 흔들리지 마세요.
인맥과 환경도 부러워하지 마세요.

'때가 되면 깨어납니다.'
내 안에서 준비를 마치면
지루한 일상이 사라지고 내가 원하는 삶이 시작됩니다.

새가 하늘을 날 수 있는 건
제 몸에 날개가 있기 때문이지,
세상이 날게 해 준 게 아닙니다.

바람이라는 환경도 물론 중요합니다.
뒤에서 바람이 불어 주면 더 편안하게 날 수 있으니까요.
하지만 살다 보면 앞에서 바람이 불 때도 있습니다. 눈을 뜨지 못할 정도로 강한 비바람이 몰아치기도 하죠.
나는 알고 있습니다. 세상이 주는 바람의 방향은 내가 어찌할 수 있는 게 아니라는 사실을.
하지만 오직 단 하나, 하늘을 나는 건 내 힘으로 가능합니다.
내가 날 수 있는 힘은 다만 내 안에 있으니까요.
"내가 지금 할 수 있는 걸 할 때,
나의 때가 시작됩니다."

세상이 나를 우울하게 할 때마다
그대는 먼 하늘을 바라보며 주문처럼 외쳤죠.

"하늘 저 멀리 날고 싶다."
그래요, 그 마음 알아요.
지금 내 모습, 어릴 적 꿈꾸던 그때의 내가 아님을.
하지만 난 믿고 있습니다.
언젠가 두 날개를 활짝 펼쳐
내가 꿈꾸던 그곳으로 날아갈 수 있음을.

'내가 아는 나라면 충분합니다.
나는 세상에 우뚝 설 수 있습니다.'

내 안에서 꿈틀거리고 있는
이토록 뜨거운 힘을 믿습니다.
나는 나를 믿습니다.

18 태도

내 일에 나를
고립시켜라

비난과 의심이
내게 주는 것

제가 일일 일식을 하고 있다고 하면, "에이, 거짓말. 사람이 어떻게 한 끼만 먹고 살아."라고 비난하는 사람이 있습니다.

그런데 제가 몸이 아프다고 하면 갑자기 정색하며 이렇게 말합니다.
"거봐, 한 끼만 먹으니까 몸이 견디지 못하잖아."
대체 왜 이럴까요?
믿지 않다가, 제가 아프다니까 갑자기 제 말을 믿게 된 걸까요?
아니면 무조건 비난하고 싶었던 걸까요?

하지만 이런 사람들과 달리 제가 하는 말을 그대로 듣고 믿는 사람들도 있습니다.
그들이 순수해서일까요?
'비난'과 '의심'은 다릅니다.
전자는 세상의 결점을 찾아내고, 후자는 장점을 찾아내는 삶을 삽니다.
비난은 모든 상황을 무조건 부정하지만 의심은 조금 다릅니다.
상황을 바라보며 그 이유와 결과를 사색합니다.
그리고 장점을 알아내 자기 삶에 이식하죠.
이런 사람들은 어떤 부정적인 상황에서도 장점을 발견합니다.
나쁜 걸 나쁘다고 아무리 말해도 자기 자신과 세상에 도움이 되지 않는다는 사실을 알고 있기 때문이죠.

당신은 '비난'하나요?

아니면 '의심'하나요?

기억하세요. 그리고 조심하세요.

이 짧은 단어가 당신의 삶을 완벽하게 바꿀 수 있습니다.

진정으로 강한 자의 삶이란

내 생일이 다가오면 지인들은 이렇게 묻는다.

"곧 생일이네. 뭐 할 거야?"

나는 지난 15년 이상 같은 대답을 해 왔다.

"어제와 같은 오늘을, 내일과 같은 오늘을 보내겠지."

그럼 그들은 이렇게 응수한다.

"매일 같은 하루를 반복하면 지루하지 않니?"

미안하지만 나는 전혀 지루함을 느끼지 않는다. 독서와 사색 그리고 집필을 위한 몰입 과정을 반복하며 1분마다 내가 달라지는 것을 느끼기 때문이다. 1분 전보다 성장한 나를 느끼며 지금 이 순간에 또 집중하게 된다. 결국 나는 1분마다 전혀 다른 나로 살게 되는 것이다. 그런 삶을 살고 있는데 어찌 삶이 지겨울 수 있겠는가. 게다가 내 삶은 매 순간이 축제이기에 생일 같은 기념일을 굳이 챙길 이유도 없다.

발레리나 강수진 역시 마찬가지다.

세계를 호령하는 최고 발레리나의 생활을 상상해 보라. 내일을 걱정하지 않는 화려한 생활, 유명 인사와의 각종 사교 모임 등이 떠오를 것이다. 하지만 그녀는 내 예상과는 전혀 다른 삶을 살아가고 있었다. 그녀는 마치 수도자 같다. 몇 시에 잠이 들든 그녀는 새벽 5시에 일어나 어제와 같은 하루를 반복한다.

사람들과 함께 보내는 시간도 필요하겠지만 혼자 무언가를 스스로 하는 시간이 무엇보다 중요하다고 생각한 그녀는, 남들처럼 되고 싶지 않아서 남들보다 더 연습했다. 그녀처럼 진정 강한 나를 만들어 남다른 삶을 살고 싶다면 수도자처럼 무언가에 홀로 집중하는 시간이 필요하다.

그녀는 이렇게 말했다.

"나는 남이 아닌 나 자신과 경쟁했고, 매일 조금씩 발전하는 데 재미를 느꼈어요. 힘들게 살지 않으면 나중에 기쁠 때도 얼마나 기쁜지를 몰라요. 인생은 원(圓) 같아서 오르막이 있으면 내리막도 와요. 때론 울면서 다시 시작하는 거예요. 쉬는 건 나중에 무덤에 가서 얼마든지 할 수 있어요. 단계를 밟아 나가는 게 중요해요. 빨리 가려고 하지 말고 거북이처럼 가요. 그럼 '쨍하고 해 뜰 날'이 올 겁니다."

"쉬는 건 무덤에서도 할 수 있다."

어떤 사람은 그녀의 이 발언을 비인간적이라고 말한다. 하지만 그녀의 말은 그런 뜻이 아니다. 돈과 출세에 눈이 멀어 사는 사람과 그녀의 삶은 시작 자체가 다르기 때문이다. 그녀는 결승선을 빨리 통과해야겠다는 생각을 하지 않고, 순간을 달리는 선수의 삶을 살고 있다. 쉬지 않고 달린다는 건 무수한 고통과 마주한다는 것이다. 그녀가 강한 건 빠르게 달리기 때문이 아니라, 고통을 마주하면서도 멈추지 않기 때문이다. 이게 바로 진정으로 강한 사람의 모습이다.

강한 자가 되고 싶다면, 지금 느껴야 할 아픔을 지금 느껴야 한다.
"삶이 치통이라면 힐링은 진통제다."
진통제는 지금 느껴야 할 고통을 유보하게 해 줄 뿐, 내일은 더 큰 고통을 겪게 된다. 더 강한 진통제는 더 큰 고통을 겪게 된다는 것을 의미한다. 세상에 진통제로 치료할 수 있는 병은 없다. 지금 느낄 아픔을 내일로 미루는 어리석은 행동을 그만둬라. 그 행동을 멈추지 않으면, 언젠가는 썩은 이를 통째로 빼내고 임플란트를 하는 것처럼 내 삶 한 귀퉁이를 들어내고 내 일이 아닌 다른 사람의 일을 하는 노예로 전락할 수도 있다.
그런데 알고 있는가?
나는 다른 사람의 일을 해 주며 고수가 된 사람을 아직 본 적이 없다.

인생은 '누구나' 후회의 연속이라고 한다. 하지만 대체 누가 '누구나'

의 삶을 살기를 원하겠는가. '누구나'의 삶을 살고 싶지 않다면 '인생은 굉장히 짧다'는 사실을 기억해야 한다. 인생에 후회를 남기고 싶지 않다면, 진정으로 강한 자의 삶을 살고 싶다면, 매일 계획을 세우고, 고통을 이겨 내고, 100퍼센트 원칙을 지키며 살아야 한다.

진정으로 강한 자의 삶이란 후회를 남기지 않는 인생을 사는 거니까.

사람의 마음을 얻는 법

'이 사람은 어떤 목적을 마음에 품고 나를 만났구나.'라는 생각이 들게 하는 사람이 있습니다.

사람의 마음은 숨길 수가 없으니까요.
내게 무언가를 원하는 사람이나,
밉지만 이득을 위해 억지로 옆에 있는 사람은
잠깐 대화를 해 봐도 티가 납니다.
그들은 진실한 눈으로 나를 바라보지 못하고,
목적을 이루기 위해 자기 할 말만 하니까요.

물론 세상을 살다 보면
목적이 필요한 만남도 가져야 합니다.
하지만 그게 정말 중요한 목적일수록
마음이 먼저 통하게 해야 한다는 사실을 잊지 마세요.

마음이라는 핏줄이 있어야
목적이라는 피가 돌 수 있으니까요.

저는 자연을 만나러 가는 산책길에도
마음에 어떤 목적도 담지 않습니다.
자연도 사람처럼 그걸 알아차리니까요.
자연도 목적이 뻔히 보이는 사람에게는 자신을 보여 주지 않습니다.
그저 아끼고 사랑하는 마음만 가득 담고 산책을 떠나세요.

100명을 아는 것보다
한 사람을 사랑하는 게 중요합니다.
내 만남이 내 삶에 어떤 도움도 주지 않았다면,
마음에 숨어 있을지도 모를 목적을 지워 버리세요.

사람의 마음을 얻고,
자연이 주는 영감을 얻고 싶다면,
그저 따뜻한 사랑만 담아 만나세요.

운명을 결정 짓는 태도의 힘

2013년, 저는 잊을 수 없는 한 사람을 만났습니다.

그는 자신이 살아온 이야기를 들려주더군요.

눈을 감고 그의 이야기를 듣는 내내 저절로 눈물이 흘렀습니다.

이야기의 주인공은 애경의 '하나로샴푸', '2080치약', KTF의 '나', '비기', 'Show' 등 이름만 대면 알 만한 브랜드를 수없이 만들어 낸 전설적인 마케터 조서환 대표입니다.

KTF의 부사장까지 승진하며 승승장구했던 그.

놀랍게도 그는 소대장 시절 불의의 사고로 오른팔을 잃고 제대했습니다. 그래도 낙심하지 않고 새로운 길을 찾았죠. 그렇게 일반 대학 영문과에 입학해 좋은 성적으로 졸업했습니다. 하지만 세상은 장애를 가진 그를 쉽게 받아주지 않았습니다.

면접에 떨어지고 떨어지고 또 떨어져도 다시 도전한 긍정적인 그였지만, 애경그룹 입사 면접에서도 똑같은 대접을 받은 날에는 다른 생각이 떠올랐습니다.

그날도 역시 면접조차 제대로 보지 못한 채, 귀가하기 위해 구로역에서 전철을 탔습니다. 그런데 순간, 그는 자신의 내면에서 올라오는 소리를 들었습니다.

"다시 돌아가라. 그리고 네 진심을 말하라!"

그는 주저하지 않고 전철에서 내렸습니다. 그리고 면접을 보았던 애경그룹 본사를 향해 몸을 돌렸죠. 무작정 면접실 문을 열고 들어간 그는 놀란 눈의 면접관들에게 자신의 진심을 말했습니다.

"저는 교통사고로 오른팔을 다친 게 아닙니다. 그렇다고 깡패 노릇을 하다가 다친 것도 아닙니다. 저는 내 민족 내 겨레를 위해서 기꺼이 입대했고, 남북이 대치하는 우리의 현 상황에서 희생을 각오하고 임했습니다. 그 결과 오른팔을 잃었습니다. 그래서 국가유공자가 됐습니다. 비록 정상인과 같진 않지만, 저는 프라이드를 가지고 지금까지 살고 있습니다. 난 여러분한테 이런 냉대, 홀대를 받아야 할 이유가 없다고 생각합니다. 여러분은 분명히 입사 지원서에 10점 가점, 국가유공자 우대라고 써 놨습니다. 그거 지키십니까?"

누구도 대답하지 않았습니다.

아니 못 했겠죠…….

주위를 둘러본 그는 다시 말했습니다.

"오른손잡이는 오른손으로, 왼손잡이는 왼손으로 글씨를 씁니다. 저는 지금까지 살면서 양손을 동시에 둘 다 사용해 글씨를 쓰는 사람을 못 봤습니다. 저는 왼손으로 글씨를 쓰는 데 아무런 지장이 없습니다. 제가 어떤 이유로 면접을 중단당해야 하는 건가요? 여러분이 그렇게 저를 괴롭히지 않아도 저는 이미 아픈 사람입니다. 아픈 사람을 자꾸 때리지 마세요. 여러분은 분명히 사회 정의를 위해 앞서 나가는 엘리트층이라고 믿는데, 거짓말하고 있잖습니까? 10점 가점으로 우대한다고 하지만 우대는커녕 가점도 안 해 주고, 게다가 면접도 제대로 보려고 하지 않았습니까?

　제가 다시 찾아온 이유는 다른 게 아닙니다. 만약에 저 같은 사람이 또다시 온다면 제발 부탁하건대 그런 냉대는 하지 말아 주세요. 그리고 여기 앉아 계신 분들도 자식이 있을 겁니다. 지금 군 복무 중일 수도 있고, 혹은 앞으로 입대를 하게 될 겁니다. 악의는 아니지만, 남북이 대치 중인 상황에서 저처럼 되지 말란 법 없습니다. 여러분 자식이 이런 모습으로 이 자리에 와도 저한테 하듯 냉대하실 건가요?"

　면접관들은 고개를 숙인 채 아무 말이 없었습니다. 진심을 털어놓은 그는 자리에서 일어나 나오려고 했습니다.
　그런데 그때 애경그룹 장영신 회장이 그의 이름을 부르며 이렇게 말했습니다.
　"잠깐만요, 조서환 씨, 영문과 나왔다고 했죠. 지금까지 얘기한 거 영어로 한번 해 보세요."

　그의 진심이 장 회장에게 전달된 것입니다. 기회를 얻은 그는 평소 갈고닦은 영어 실력으로 그 기회를 잡았습니다. 그리고 애경그룹에 입사해 30년간 수많은 히트 상품을 내놓으며 대한민국 최고의 마케터가 되었습니다. 이후엔 KTF로 옮겨 'Show'를 탄생시키며 부사장 자리에까지 올랐습니다.

그는 말합니다.

"운명은 우리의 삶을 결정할 힘이 없습니다."

같은 운명이라도 태도가 다르면 삶이 바뀌니까요.

당신의 태도가 당신의 삶을 결정합니다.

'늦었다고 생각할 때가 가장 빠르다'는 말은 그저 위로다

나는 5년째 택시를 운전하는 친구와 7년째 중소기업에서 마케팅 업무를 하는 친구를 알고 있다. 요즘 불황이라 택시는 장사가 안 된다고 한다. 하지만 5년째 택시 기사를 하고 있는 친구는 불황을 걱정하지 않는다. 왜냐하면 그는 완벽하게 시간을 사용하는 방법을 알고 있기 때문이다.

사실 사람이 많이 다니는 곳에 가 보면 택시가 도열한 군사처럼 길게 늘어선 것을 쉽게 볼 수 있다. 대부분 한 시간 이상 손님을 기다리는 차가 많은데, 기사들을 보면 담배를 피우거나, 동료 기사와 잡담을 하거나, 차 안에서 잠을 자는 경우가 많다.

나는 그걸 보면서 이런 생각을 했었다.

'왜 저들은 짧게는 3분, 길게는 한 시간이 넘는 시간을 그저 손님을 기다리는 것밖에 하지 않는 걸까? 그렇게 시간을 흘려보내야만 하는 걸까?'

하지만 5년째 택시 기사를 하는 친구는 그 시간을 낭비하지 않고 영어 공부를 했다. 단어를 암기하거나 강의 CD를 들으며 영어에 대한 감각을 끊임없이 길러 나갔다. 그러자 그의 삶에 놀라운 일이 일어났다. 꽤 괜찮은 영어 학원에서 강의를 시작하게 된 것이다. 대학도 나오지 않은 친구지만 남는 시간을 완벽하게 활용해 오직 영어 실력 하나로 당당하게 영어 강사가 된 것이다. 2000년 이후 우리나라는 심각한 불황이지만 사교육 시장은 유례없는 발전을 거듭하고 있다. 그러니 이제 영어 강사가 된 그 친구는 불황을 걱정할 필요가 없어졌다. 하지만 그 친구의 동료 택시 기사들은 여전히 손님을 기다리면서 불황을 걱정하며 나라 탓을 하고 있을 것이다.

이변이 없는 한 지금 갈린 두 부류는 앞으로 전혀 다른 삶을 살게 될 것이다.

한편 7년째 중소기업에서 마케팅 관련 일을 하고 있는 친구는 이런 마인드를 가지고 있다.

"월요일 점심은 일을 하면서 해결한다."

직장인에게 월요일은 1분 1초도 헛되이 보내면 안 되는 날이다. 이 하루가 일주일의 집중력으로 이어져 일주일을 낭비하게 될지 효율적으로 만들지를 결정하기 때문이다. 그래서 월요일에는 집중력을 다른 데 빼앗기면 안 되기 때문에 점심은 간단히 해결하는 게 좋다.

물론 점심시간에 반드시 휴식을 취해야겠다는 사람은 그렇게 해도 좋다. 그러나 월요일만은 동료와 함께 식사하러 가서 시간 가는 줄 모르고 잡담하는 것을 삼가길 바란다. 그 한 번의 잡담이 당신의 일주일을 엉망으로 만들 수 있기 때문이다.

7년은 꽤 긴 시간이다. 7년 동안 월요일 점심시간을 가장 효율적으로 보내며 업무를 완벽하게 처리한 이 친구 역시 이제 불황을 걱정하지 않는다. 그가 점심에 샌드위치를 먹으며 일을 할 때, "저거 일중독이야, 아니면 무능력이야?"라며 빈둥거리던 다른 직원들은 대부분 구조 조정이 되었지만, 이 친구는 중소기업이라는 것을 감안하더라도 상당히 빠르게 승진을 했다. 모두가 승진할 때 함께 승진하는 것은 당연한 일이겠지만, 전 인력의 20퍼센트 이상이 구조 조정으로 퇴출될 때 유일한 승진자가 된 것은 그가 지난 7년간 보낸 점심시간의 의미가 얼마나 값진 것인지를 알려 준다.

독일의 대문호 괴테는 여러 분야에서 탁월한 업적을 남긴, 낭비 없는 삶을 살다 간 사람이다.

그는 늘 이렇게 말했다.

"시간이 언제나 당신을 기다리고 있다고 생각하면 오산이다. 천천히 걸어도 언젠가 목적지에 도달할 것이라는 생각은 너무 안이하다. 하루하루 최선을 다하지 않고는 그날의 보람이 없을 것이며, 결코 최후의 목표에 도달할 수도 없다."

우리에겐 정말 시간이 없었을까?
시간이 없었다기보다는, 하겠다는 마음이 없었을 가능성이 높다.
제발 늦지 마라.
당신이 주어진 삶에 충실할 때
하늘도 감동해 당신 편에 설 테니······.

예술 작품을 지혜롭게 감상하는 법

최근 뮤지컬 〈명성황후〉를 감상하면서 조금 놀라운 경험을 했다.
공연 중간에 쉬는 시간이 되었는데, 뮤지컬을 감상한 관객 대부분이 이런 이야기를 나눴다.
"국사 교과서 보는 느낌이야."
"10만 원도 넘게 내고 이게 뭐야. 후반부는 안 볼래. 그냥 나가서 맛있는 거나 먹자."
"휴~ 반은 봤으니 나가자. 다른 사람들에게 이제 '나 〈명성황후〉 본 사람이야'라고 말할 수 있으면 됐어."
나는 도무지 그들의 대화를 이해할 수 없었다.

괴테는 말했다.

"작품이 재미없어서 당장 극장에서 벗어나고 싶은 마음이 들더라도 끝까지 앉아 있어라. 그렇게 온몸으로 작품에 대한 분노를 느껴라."

가장 어리석은 건, 작품에서 얻을 게 없다고 아무 감정도 느끼지 못한 채 극장을 나오는 것이다. 분노라도 느껴야 작품에서 무언가 배울 수 있다.
그리고 이런 질문을 던질 수 있어야 한다.

- 앞으로 일할 때 어떻게 하면 사람들의 분노를 사지 않을 수 있을까?
- 어떻게 하면 고객을 만족시킬 수 있을까?

우리는 아무리 지루한 작품이라도 그걸 보면서 자신에게 도움이 될 노하우를 터득할 수 있다. 세상에 배울 점이 없는 작품은 하나도 없다.
'나쁜 작품은 없다.'

비싼 공연을 보며 가격이 비싸다고 불평하지 말고, 가격 이상의 영감을 얻어 내지 못하는 자신의 무능력에 대해 불평해야 한다.
나는 불평하는 사람들의 이야기를 들으며 이렇게 묻고 싶었다.
"도대체 여기 왜 오신 건가요?"
그들은 불평하며 그 자리를 떠났지만, 나는 작품을 감상하는 두 시간 동안 다음에 쓸 책에 대한 영감을 발견하고, 풀리지 않던 문제의 실마리를 찾아냈다.

처칠은 말했다.
"나로 말할 것 같으면 긍정주의자인데, 다른 주의자가 되어 봤자 별 쓸모가 없기 때문이다."

지루한 작품을 볼 때는 그 이유를 분석하며 나만의 원칙을 쌓아야 한다. 긍정적인 관점에서 사색을 하면 최악의 작품에서도 최고의 영감을 얻을 수 있다.

**너무 가깝지도,
너무 멀지도 않게**

우리는 삶이 피곤할 때 힘을 얻기 위해 여행을 떠납니다. 막히는 도로에서 몇 시간을 분투하며 풍경이 아름다운 곳으로 가죠.
그리고 준비한 도시락을 먹거나
좋아하는 책을 읽거나
낮잠을 자기도 합니다.

그런데 문제는 '그런 여행이 힘을 주지 못한다'는 사실입니다. 피곤

한 삶이 해결되지 않으니 여행에서 돌아오면 또 다음 여행 계획을 세웁니다.

문제가 뭘까요?

찰리 채플린은 이렇게 말했습니다.
"삶은 가까이에서 보면 비극이지만
멀리서 보면 희극이다."

그 아름다운 풍경 속에서 우리는 겨우 도시락과 책 그리고 낮잠을 위해 가까운 곳만 집중적으로 바라봅니다. 눈을 들어 먼 곳을 바라보면 내가 이렇게 아름다운 세상에 살고 있다는 사실을 알게 될 텐데, 어리석게도 내 앞에 있는 현실에만 집중하고 아파합니다.

책을 읽을 때도 너무 긴 시간 집중해서 읽으면 눈이 피곤해집니다. 최근에 저는 심하게 집중해서 책을 읽고 글을 쓰다가 눈병이 나고 말았습니다. 저를 위해 한 일이 저를 망치게 한 거죠. 아무리 좋은 책을 읽더라도 가끔은 고개를 들어 먼 곳을 바라보며 눈을 쉬게 해 줘야 합니다.

인생도 마찬가지입니다.
현재는 언제나 고통입니다. 가끔은 현실이라는 지겨운 단어를 날려 버리세요. 그리고 오늘이 아닌 내일, 내년을 생각해 보세요.

'삶은 가까이에서 보면 고통스럽지만

멀리서 보면 분명 아름다울 테니까요.'

알고 계시죠?

오늘 내가 흘린 뜨거운 눈물은

내일의 무지개를 보기 위한 준비입니다.

그렇게 우리의 삶은 어제보다 오늘 더 아름다워집니다.

현실에 파묻힌 삶은 우리에게 고통만 줍니다.

우리 가끔은 고개를 들기로 해요.

너무 가깝지도,

너무 멀지도 않게

그렇게 세상을 바라보며 살아가기로 해요.

19 긍정

마음에는
종점이 없다

최고의 하루를
보낸다는 것에 대하여

간혹 이런 이야기를 듣습니다.
"최고의 음식을 대접하겠습니다."
"최고의 제품을 만들겠습니다."
"최고의 서비스를 제공하겠습니다."
저는 이렇게 응수합니다.
"혹시 최고가 무엇인지 알고 계신가요?"

어디서 무엇을 하든
최고의 것을 제공하기 위해서는
최고의 경험을 자주 해 봐야 합니다.
최고를 만드는 사람의 마음과 정성 그리고 태도를 알아야
비로소 최고의 것을 제공할 수 있게 되니까요.

저는 음식을 즐길 때도
오직 최고의 나를 만들기 위한 식사를 합니다.
어떤 방법으로 즐기냐고요?
아주 간단합니다.
저는 음식이 아니라
셰프의 지난 세월을 즐깁니다.

최고의 노력을 하는 사람의 시간은

사라지지 않고 쌓입니다.
그 시간이 어떤 재료보다 진한 맛을 내죠.
그래서 멋진 식사를 하면
입안 가득 세월을 선물 받는 기분이 듭니다.

배우기로 작정하면
우리는 상대의 단점에서도
장점을 발견할 수 있습니다.

최고의 순간은 내가 결정하는 것입니다.
평범한 순간도 특별한 시선으로 바라보면
비로소 세상에서 가장 특별한 순간이 됩니다.

긍정적인 시선으로
오늘도 무언가를 배우는
최고의 하루가 되길 바랍니다.

| **최고의 나를
만드는 한마디** | 영화 〈미드나이트 인 파리〉에서 극 중 헤밍웨이는 자신의 평가를 원하는 초보 작가에게 아주 열정적인 얼굴로 이렇게 충고 |

한다.

"소심하게 평가 따위 받으려 하지 말고, 작가라면 자신이 최고라고 당당히 말하라고!"

몇 년 전 나는 한 중견 기업의 기획부에서 파트장으로 일했다.
매주 임원들과 회의를 했는데 하루는 대표가 내게 이런 질문을 던졌다.
"한국에서 자네처럼 기획 일을 하는 사람이 몇 명 정도 될까?"
"음, 최소한 몇 십만 명 이상은 될 것 같습니다."
대표는 바로 이렇게 응수했다.
"그럼 자네는 그 몇 십만 명 중에 기획으로 몇 등 정도 할 것 같은가?"
순간 임원들이 모두 나를 주시했지만 나는 별로 뜸들이지 않고 이렇게 답했다.
"일등입니다. 제가 최고로 잘할 거라고 생각합니다."

사실 이런 발언은 겸손하지 않다는 이유로 욕을 먹거나, 말도 안 되는 주장이라고 무시당하기 마련이다. 그런데 놀라운 건, 그 자리에 있던 임원 중 비웃음을 날린 사람이 단 한 명도 없었다는 사실이다. 그들이 나를 비웃지 않은 이유는 자신을 강력하게 믿는 내 모습 때문이었을 것이다.

자신이 가진 모든 것을 최고라고 생각하며 믿어야 한다. 자신조차 믿지 못하는 사람을 대체 누가 믿고 따를 수 있겠는가.

자신에 대한 강력한 믿음은 오만이 아니라, 소중한 인생을 사는 사람의 당연한 의무다.

나는 연 매출이 10억이든 1조든 내가 다니는 회사가 한국 최고의 회사라 생각하고, 내가 맡은 일이 회사에서 가장 중요한 일이라 생각하고, 내가 내 분야에서 최고라고 생각한다.

생각은 곧 현실이기 때문이다.

일본에는 아흔이 가까운 스시 장인 '지로'가 있다. 그를 주인공으로 한 〈지로의 꿈〉이라는 영화가 만들어졌을 정도로 엄청난 사람이다.

한국에는 여든이 넘은 최고 지성인 '이어령'이 있다.

독일에는 83세로 생을 마친 마지막 날까지 〈파우스트〉라는 대작을 쓴 대문호 '괴테'가 있다.

이들은 태어난 곳도, 생김새도, 자라 온 환경도 모두 다르지만 공통점이 딱 하나 있다.

'평생을 최고의 위치에서 현역으로 살았다.'

그들은 모두 최고의 자리에 앉았지만 더 훌륭한 작품을 만들어 내기 위해 끊임없이 분투했다.

세상이 정한 당신의 등수를 받아들이지 마라. 세상이 정한 당신의 자리를 걷어차 버려라. 당신의 위치와 자리를 당신이 정하라.

그리고 당신이 어느 곳에서
어느 자리에서
어떤 일을 하건 지금 당장 외쳐라.
"적어도 내 분야에서만큼은 내가 최고다!"

나를 성장시키는 진짜 긍정의 힘 | 얼마 전 15년 정도의 짧은 역사를 가졌지만 순수익만 2000억 가까이 올리는 한 기업의 회장을 만나 잠시 이야기를 나눴다. 사실 세상의 관점으로 봤을 때 그는 안 될 수밖에 없는 수많은 악재를 안고 사업을 시작했다.

하지만 그는 '내 사업은 잘될 수밖에 없어!'라는 마음으로 사업을 시작했다. 여기서 무엇이 느껴지는가? 무한 긍정의 마음?

결단코 그의 성공 비결은 긍정의 마음이 아니었다. 그는 사업을 시작하기 전 무려 2년 동안이나 준비 기간을 거쳤다. 그 기간 동안 사업에서 발견할 수 있는 모든 비관적인 부분을 찾아내 끝없이 그것을 검증하고 해결해 나갔다. 그가 내뱉은 '내 사업은 잘될 수밖에 없어!'라는 긍정의 마음은 사실 그가 지난 2년 동안 사업을 철저하게 준비했음을 극명하게 보여 주는 말인 셈이다.

그는 여전히 자신의 하루를 긍정했다. 그가 가진 긍정의 힘은 대체 어디서 나오는 걸까? 원천이 궁금한 나는 그에게 일과를 물었다.

다른 일과는 보통 사람들과 별다른 게 없었는데 딱 하나 남들과 다른 일과가 있었다. 바로 하루 네 시간 사색이다. 그는 매일 이른 새벽에 일어나 하루 네 시간 사색에 빠진 후 출근한다. 사색하면서 그는 지금 자신에게 닥친 문제를 가능한 한 비관적인 관점에서 바라본다. 그리고 불가능해 보이는 문제를 하나하나 해결해 나간다. 그의 이야기를 들어 보니 그가 하루를 무한 긍정의 모습으로 보낼 수 있는 이유가 극명해졌다. 비관적인 모든 부분을 이미 네 시간 사색 속에서 끝내고 하루를 시작하는 것이다.

그가 어려운 환경에서 창업했지만 지금의 위치에 오른 것은 무한 긍정이 아니라 온갖 부정적인 부분을 찾아 해결한 노력 덕분이었다.

나에게 주어진 상황을 무작정 긍정하는 건 진짜 긍정이 아니다. 진짜 긍정적인 사람은 부정적인 사람보다 훨씬 더 비관적인 생각으로 가득 차 있다. 그들은 일을 시작하기 전에 먼저 비관적인 관점에서 자신의 일을 관찰한다. 안 될 것 같은 부분을 찾아 최대한 비관적으로 검증하고, 그 비관적인 일이 잘될 수밖에 없게 만들어 낸다. 이런 모든 과정을 거친 다음에 비로소 긍정적인 마음으로 일을 시작하는 것이다. 결국 그들의 긍정적인 마음은 치열한 비관적인 관점의 결과물이다.

한편 일을 시작하기 전에 무한 긍정의 마음을 갖는 사람이 많다. 하지만 아무리 긍정해도 일이 잘되지 않는 이유가 거기에 있다. 일을 시작하기 전에는 긍정이 아니라 최대한 비관적인 마음을 가져야 한다. 긍정은 일을 시작할 때가 아니라 마무리할 때 가져야 할 마음가짐이다. 긍정의 마음을 가질 자격은 아무에게나 주어지는 게 아니다.

노력해야 할 때를 잘 모르겠다고?
하늘은 언제나 우리에게 신호를 준다.
긍정의 마음은 사라지기 쉽다. '잘 안 되면 어쩌지?'라는 부정의 마음이 긍정의 마음을 사라지게 하기 때문이다. 그래서 많은 독자가 내게 "긍정의 마음을 오래 유지하려면 어떻게 해야 하나요?"라고 질문한다.
그때마다 나는 이렇게 답한다.
"저는 한 번 부정적인 마음이 생기면 두 번 긍정합니다. 100번 부정적인 마음이 생기면 200번 긍정하죠. 그 일이 될 때까지 긍정합니다."

그런데 많은 사람이 내 말을 오해한다.
그저 가만히 앉아 긍정만 수없이 하면 모든 일이 잘되는 거라고 생각한다. 행간에 숨은 의미를 잘 파악해야 한다. 내가 부정적인 마음이 들었을 때 두 배로 긍정한다는 것은, 부정적인 요인이 사라질 때까지 이전보다 두 배로 열심히 일한다는 의미다. 부정의 마음이 그저 사라지기를 바라는 게 아니라 치열한 노력으로 부정적인 요인이 사라지게 한다. 그런 의미에서 '잘 안 되면 어쩌지?'라는 말은 절대 당신을 망치는 말이 아니다. 오히려 지금 당장 그 요인을 제거하고 100퍼센트 긍정의 길로 들어서라는 하늘의 신호다.

무작정 남발하는 긍정은 내 삶에 아무런 영향도 주지 못한다. 내 입이 아니라 내 과거가 현재의 나를 긍정하게 해야 한다. 어제까지 흘린 땀과 노력이 오늘의 나를 긍정하게 하는 거니까.

긍정은 마법 지팡이가 아니라 세상에서 가장 치열한 '동사'다.

당신이 원하는 세상에서 사는 법

최근에 지인과 대화를 하다가, 내게 영감을 준 화려한 경력의 소유자를 알게 되었다.

- 버클리음대 작곡 및 프로듀싱 학사
- 뉴욕대 음악 기술 및 영화 음악 석사
- 음반사 EMI 등에서 음악 프로듀서로 활동
- 영화 음악과 게임 음악 제작사 '세로토닉스'를 설립해 작곡가와 프로듀서로 활약

가장 놀라운 경력은, 올해 모교이자 미국 최고의 실용음악 학교인 버클리음대에서 29세라는 젊은 나이에 전임교수가 되었다는 것이다.

그런데 더 놀라운 사실이 있다!

그는 세 살 때 심장 수술을 받은 후 실명했다.
이 화려한 경력의 소유자는 놀랍게도 앞을 전혀 볼 수 없는 사람이다.

그의 이름은 김치국이다. 김치처럼 한국 사람들이 좋아하는 사람이 되기를 바라는 마음에 그의 아버지가 그렇게 이름 지었다고 한다. 그는 시력을 잃기 전에 피아노 연주를 시작했다. 그만큼 음악을 사랑했다. 비록 시력을 잃었지만 여섯 살 무렵에는 그간 쌓은 실력으로 콩쿠르에서 수상을 하는 등 음악에 재능을 드러냈다. 그는 음악을 좀 더 공부하고 싶었다. 장애인과 비장애인을 구분해 교육하는 한국에서는 희망이 없다고 생각한 그는 중학교 3학년 때 비장애인 학생과 함께 학교를 다닐 수 있는 미국으로 유학을 떠났다. 영어도 할 줄 모르는 그가 현실의 문제를 해결하기 위해 선택한 무모한 도전이었다.
하루는 힘들어하는 아들을 보며 아버지가 "음악을 포기하는 게 어떻겠니?"라고 말했다.
그러자 그는 조용히 이렇게 대답했다.

"낙엽 떨어지는 소리까지 들리는데 어떻게 제가 음악을 포기할 수 있겠어요……."

그는 장애인 시설이 없는 학교에서 스스로 모든 것을 처리해야 했다. 학우들보다 뒤처지지 않기 위해 영어도 배우고 전공 공부도 해야 했다. 하지만 그는 현실에 굴복당하지 않았다. 그는 서툰 영어로 수소문 끝에 장애인을 위해 개발된 소프트웨어를 구입해 컴퓨터에 설치했고, 혼자 치열하게 자신을 발전시켜 나갔다.

"보통 사람이라면 포기할 수밖에 없는 어려운 환경에서 이렇게 훌륭하게 성장할 수 있었던 요인은 무엇인가요?"라는 질문에 그는 이렇게 대답했다.

"저는 늘 problem에 포커스를 두지 않고 solution에 포커스를 둡니다. 그럼 그 문제는 제 삶에 긍정적으로 영향을 끼치고 그 문제를 헤쳐 나갈 수 있는 게 쉬운 것 같아요. 저는 학생이면서 동시에 선생님이었어요. 앞이 보이지 않는 저에게 아무도 음악을 가르쳐 줄 수 없었지만 음악에 대한 열망만큼은 누구보다 컸거든요. 도전 정신과 열정만 있다면 보이지 않는 건 아무것도 아니죠."

- 한국에서 서민으로 사는 게 얼마나 어려운지…….
- 한국에서 장남으로 사는 게 얼마나 어려운지…….
- 한국에서 청춘으로 사는 게 얼마나 어려운지…….

― 한국에서 직장인으로 사는 게 얼마나 어려운지……'.

지금 한국을 둘러보면 온통 어렵다는 이야기투성이다. 하지만 김치국 교수는 어려운 현실, 즉 문제에 포커스를 두지 않았다. 어떻게 어려운 이 현실을 이겨 나갈 수 있을까? 솔루션은 무엇인가를 연구하고 찾아냈다. 안 되는 이유가 아니라 되는 이유만 집중적으로 찾아낸 것이다. 보통 사람들은 어려운 일을 맡았을 때 안 되는 이유를 찾아내는 데 온통 시간을 허비한다. 하지만 일도 안 되고 시간도 버리니 이 얼마나 바보 같은 짓인가?

나는 앞의 네 가지 인생을 모두 살아왔다. 하지만 나는 네 가지 문제를 한 번도 문제라고 생각한 적이 없다. 하지만 그것을 문제라고 생각하면 원망만 늘게 된다. 왜 하필 한국에, 서민으로, 장남으로, 청춘으로, 직장인으로 살게 되었는지, 바꿀 수 없는 그 상황을 원망하게 된다.

오감 중 하나를 잃으면 다른 감각이나 재능이 더 발달한다고들 하는데 나는 조금 다르게 생각한다. 김치국 교수는 시력을 잃었기 때문에 천재적인 청각을 얻을 수 있었던 게 아니라, 사라지지 않는 열정을 가졌기에, 간절함 꿈을 품었기에 놀라운 재능을 얻을 수 있었으리라 생각한다.

돈과 명예가 아니라
절실함과 열정을 가졌을 때,
비로소 세상을 다 가질 수 있다.

당신이 원하는 세상은
당신이 만드는 것이다.
당신이라면 충분하다.

나는 내가 보낸 시간을 믿습니다

"아, 외롭다."

많은 사람이 탄식처럼 내뱉는 말이다. 그들은 "사방이 온통 암흑뿐인 것처럼 적막합니다."라고 말하며 외로움을 이겨 내는 데 좋다는 책도 읽고 강연도 듣는다. 심각하면 의사를 찾아가기도 한다. 하지만 그럼에도 우리가 외로움에서 벗어나지 못하는 이유는 아주 간단하다.

"외로움은 고독을 선택하지 못한 자에게 찾아오는 벌이기 때문이다. 외로움을 극복할 수 있는 유일한 방법은 고독의 길로 들어서는 것뿐이다."

고독을 즐긴다는 건 '내가 나를 온전히 가진다'는 것을 의미한다. 반대로 외롭다는 건 내가 나로 존재하지 못하기 때문에 느끼는 감정이다.

불멸의 고전 〈월든〉을 쓴 데이비드 소로는 이렇게 말했다.

"남과 함께 있으면 설사 미인 중의 미인이라도, 군자 중의 군자일지라도 곧 싫증이 나고 정신이 산만해진다. 사랑할 것은 고독이다. 고독만큼 친해지기 쉬운 친구는 없다."

홀로 있는 순간 당신은 어떤 생각을 하는가?
'사람들이 나를 이상하게 생각하진 않을까?'
'어쩌지, 나만 소외되는 게 아닐까?'
타인의 시선을 의식할 때마다 잊지 말아야 할 게 하나 있다. 수많은 타인의 시선을 이겨 내야 비로소 빛나는 내가 될 수 있다는 사실이다.

'홀로 아파한 자만이 홀로 빛나는 사람으로 성장한다.'

아픔은 성장의 약속이다. 지금 많이 아프다면, 그건 더 빛나는 사람이 될 거라는 가장 확실한 약속이다.

중요한 건 내가 보내는 지금 이 순간을 믿는 것이다.

대문호 괴테는 많은 사람의 존경을 받기도 했지만, 워낙 다양한 분야에서 독보적인 성과를 올렸기 때문에 시기와 질투를 받기도 했다. 그가 굉장히 오랜 기간 연구한 결과물인 《색채론》 역시 마찬가지였다. 하지만 그는 자신을 시기하고 미워하는 사람들에게 일일이 대응하지 않았다.

"나는 그런 일에는 익숙하고, 또 각오도 되어 있네. 그런데 자네는 어떻게 생각하나? 위대한 뉴턴과 모든 수학자들, 또한 뉴턴과 함께 거장들이 색채론에 있어서 결정적인 오류를 범하고 있다는 것, 그리고 내가 이 위대한 자연의 대상에 관해 수백만 명 중에 올바른 것을 알고 있는 유일한 사람이라는 사실을 무려 20년 동안이나 자신에게 말해 왔으니, 이 정도면 내가 나를 자랑할 만하고 생각하지 않는가?"

'중요한 건 내가 이룬 것들에 대한 믿음이다. 내가 나를 자랑스럽게 생각하지 않으면 대체 누가 나를 믿어 주겠는가!'

실제로 괴테는 이런 자신감 덕분에 수많은 적대자의 악의적인 언행을 견딜 수 있었다. 사람들은 온갖 방법으로 그와 그의 학설에 대해 트집을 잡으며 웃음거리로 만들려고 했지만, 그는 그 모든 것을 물리치고 오직 자신이 완성한 작품이 주는 커다란 기쁨만 느꼈다. 오히려 반대자들의 공격은 그들의 인간적인 약점을 확인하는 데 도움을 주었을 뿐이다.

내가 보낸 시간을 믿는 순간 외로움은 사라지고, 굳센 고독의 시간을 보낼 수 있는 사색의 근력이 생긴다. 많은 사람이 낮은 의식 수준인 외로움 단계에 머무는 이유는 자신이 보내는 시간에 대한 확신이 없기 때문이다. 괴테처럼 나 자신이 보낸 어제와 오늘에 대한 확신을 가져라. 그리고 타인의 시선과 터무니없는 평가에 흔들리지 않는 자유로운 내가 되어 고독한 시간을 즐겨라.

"내가 보낸 이 멋진 시간을 믿어라."

20 고독

현명한 사람의 내부에 흐르는
깊은 고독

가장 아름다운 방황

"강연 때문에 집필이 좀 곤란합니다."

만약 이 대답이 강연가가 아닌 작가의 입에서 나왔다면, 그는 내가 생각하는 최고의 미련한 삶을 사는 사람이다. 물론 나도 강연이 책보다 돈이 된다는 사실을 알고 있다. 많은 사람이 강연을 하고 싶어 책을 낸다는 것도 알고 있다. 하지만 사람으로 태어나 한 분야에서 무언가를 남기고 싶다면, 내가 무엇을 통해 여기까지 왔는지 '나의 본질'을 뼛속에 문신처럼 새기고 잊지 말아야 한다.

나는 잘 알고 있다.

"내게 글이 없었다면 나는 아무것도 아닌 사람이었을 것이다."

책이 나와 팔리기 시작하면 출판사 담당자의 인사말이 이렇게 바뀐다.

"작가님, 바쁘시죠? 집필에, 강연에, 인터뷰 등 여러 가지 일이 많으시니."

곧바로 나는 이렇게 응수한다.

"아뇨, 전혀 바쁘지 않습니다."

내겐 오직 집필뿐이다.

집필을 삶의 중심인 일순위에 두고, 방송이든 강연이든 인터뷰든 나머지 것들은 순위 밖에 둔다. 물론 바쁘지도 않으면서 출판사 담당자의 전화에 "아, 제가 이번 달 일정이 모두 꽉 차서요. 일정을 보고 다시 연락드리겠습니다."라며 폼을 잡을 수도 있다. 솔직히 가끔 그런 유혹에 빠질 때도 있다. 하지만 모든 삶의 태도가 내 글에 그대로 투영된다고 생각하면 꿈에서라도 그런 행동을 하지 않겠다고 다짐하게 된다.

"글은 결국 작가의 마음이기 때문이다."

그래서 한 달에 한 번만 강연하겠다는 원칙을 세우고, 최대한 집필에 영향을 주지 않으려고 노력한다. 물론 집필이 제대로 되지 않으면 아무리 많은 돈을 줘도 강연에 응하지 않는다. 만약 내가 한 달에 한 번만 강연하겠다는 원칙을 정해 두지 않았다면 글을 쓰지 않는 시간이 길어져 나의 정체성을 잃고 방황했을 것이다.

간혹 주변 사람의 힘을 좀 이용해서 편하게 살라는 사람도 있다. 하지만 나는 세상에 공짜가 없을뿐더러, 내가 아닌 타인의 힘으로 오른 자리는 결국 내게 고통만 주리라는 사실을 알고 있다.

"나는 정확히 내가 밀고 끈 만큼만 전진하고 싶다."

나는 지난 20년간 글이라는 길 위에서 방황하고 있다.

그런데 세상에는 아름다운 방황도 있고 초라한 방황도 있다. 전자는 일에 대한 자기 원칙을 세우고 힘들어도 멈추지 않는 사람이 겪는

방황이고, 후자는 자기 일에 대한 원칙을 잃은 채 꿈과 목표를 돈에
팔아 치운 사람이 겪는 방황이다.

오늘보다 내일 더욱 성장한 삶을 살고 싶다면,
지금 내게 중요한 것은 성공이 아니라 아름다워지는 것이다.
아름다워 보이는 게 아니라,
살아가는 그 모습 자체로 눈부시게 아름다워지는 것이다.

물론 세상은 언제나 그런 나를 아프게 하지만,
그 아픔을 웃으며 견딜 수 있게 하는 힘 역시 내 안에 있다.
방황한다는 건 노력하고 있다는 증거니까.
멈추지 않는다는 건 내가 나를 사랑하고 있기 때문이니까.

아름다운 방황을 멈추지 않는 한
나는 무엇이든 웃으며 견딜 수 있다.

외로움과 고독의 길, 그 중간 어디쯤에서

외로움을 극복하는 법에 대해 알고 싶어 하는 사람이 많다. 그래서 수많은 책과 강연에서 그 방법을 매우 친절하게 알려 주고 있다. 하지만 그런데도 우리가 외로움을 극복

하지 못하고 지배당하는 이유는 아주 간단하다. 외로움은 고독하지 못한 자에게 찾아오는 벌이기 때문이다. 외로움을 극복할 수 있는 유일한 방법은 스스로 고독의 길로 들어서는 것뿐이다.

고독하지 못하는 자는 사색할 수 없다.
사색은 그 사람을 말해 준다.
그의 사색이 바로 그다.
결국 고독하지 못한 자는 사색하지 못하고, 자신의 존재조차 서서히 잃어 가게 된다.

'독학'이라는 단어가 있다.
독학이란 말 그대로 혼자 고독하게 공부한다는 뜻이다. 독학이 위대한 것은, 고독을 통해 사색가의 길로 들어설 수 있도록 돕기 때문이다. 세상에는 학원이나 특별한 과외 교육을 받지 않고도 뛰어난 성적을 거둔 사례가 많다. 독학으로 모든 것을 해결하는 이들이 바로 그런 사람들이다. 사색이란 결국 홀로 하는 것이다. 사색하지 못하는 자는 남의 도움을 받게 된다. 남의 도움은 외로움이라는 감정과 연결되어 있다. 홀로 서지 못한 자는 외로워진다. 삶은 결국 혼자 헤쳐 나가야 하는 바다이기 때문이다. 끝없는 바다를 홀로 건널 용기가 없는 자는, 사색하지 못하는 자는 결국 외로움에 빠져 시간을 허비하게 된다. 독학이란 사색가의 특권이다.

창의적인 능력이 부족하고 아이디어 자체가 없는 사람들의 특징은 한적한 곳에서 지루하게 반복되는 시간을 견디지 못한다는 것이다. 그들은 끝없이 자신을 자극할 무언가를 찾는다. 해가 뜨고 지는 걸 반복해서 바라보지 못하고 뛰쳐나간다. 세상의 모든 진리가 그 안에 있는데 자꾸만 밖으로 나가 자극적인 것에 탐닉한다. 그들은 독학할 수 없고, 나만의 세상을 창조하지 못한다. 언제나 누군가 만든 자극적인 세상에 미혹당하고 그 안에서 살게 된다. 새로운 자극도 필요 없다. 자극은 더 센 자극을 필요로 하게 될 뿐이다. 하나의 자극으로 수백 개의 영감을 얻어 내는 게 중요하다. 드라마와 영화 그리고 음악까지 세상의 모든 것은 시간이 지날수록 자극적으로 변했지만 우리의 삶은 나아진 게 없다. 더 심한 자극을 원할 뿐이다. 막장 드라마가 유행이라고 비난하지만, 결국 막장 드라마를 탄생시킨 책임은 그걸 시청하는 우리에게 있다.

고독을 반겨라. 그리고 고독한 자에게 주는 세상의 선물을 삶에 담아라. 고독만이 나를 나답게 만들 것이고, 진짜 내 삶을 살 수 있게 도울 것이다.

| 우아하게 나이 든다는 것에 대하여 | 세상엔 수많은 사람이 있다. 사람과 사람이 모여 사회를 형성 |

하고,
그 안에서 경쟁하며 산다.
지고 싶지 않다는 막연한 욕망에
다툼과 충돌이 일어나고,
미움과 시기, 질투를 느끼게 된다.

하지만 우아하게 나이 드는 사람은
그 경쟁의 틈에서 벗어나
자신에게 '여유'라는 새로운 틈을 선물한다.

여유란
나를 돌아보는 시간이자
나다운 나를 만드는 데 필요한 시간이다.

우아해진다는 것은
나다운 내가 되는 것을 의미한다.
그들은 경쟁하는 사람들을 포근하게 안아 줄 수 있는
정신적인 여유를 가지고 산다.

"나는 여유로울 만큼 한가하지 않습니다."라고 말하는 사람도 있을
것이다.

하지만 나는 알고 있다.
여유는 세상이 주는 게 아니라
내가 내게 주는 선물이다.
세상이 손에 쥐어 주는 게 아니라
내가 쥐어 잡는 것이다.

나는 여유를 즐길 수 있는 사람을 좋아한다.
그들은 진정으로 자기 삶을 사는 사람이기 때문이다.

세상은 속여도
자신은 속이지 마라

많은 사람이 인맥의 중요성을 강조한다. 인맥을 위해 각종 모임을 만들거나 참석하기도 하고, 인맥을 만드는 법을 강의로 듣기도 한다. 하지만 내가 인맥에 대해 내린 결론은, '인맥은 될 일을 조금 더 빨리, 더 쉽게 이뤄 줄 수는 있지만 애초에 안 될 일을 되게 만들어 주지는 못한다'는 것이다.

물론 사람과의 관계는 중요하다. 하지만 '인맥을 위해서'라고 말하며 사람들을 만나 밤새 술을 마시고 방탕한 생활을 하는 건, 인맥의 소중함을 느꼈기 때문이 아니라 일에 대한 당신의 열정이 사라졌다는 것을 의미한다. 사라진 열정의 빈자리를 인맥으로 어떻게 해결해 보려는 마음일 가능성이 높다.

 시집을 몇 권 내고, 삶에 변화를 주기 위해 자기 계발 원고를 집필한 적이 있다. 당시 나는 첫 자기 계발 원고를 출판하기 위해 한 달 동안 50개가 넘는 출판사에 원고를 보냈지만, 내 원고를 책으로 내고 싶다고 응답한 출판사는 단 한 곳도 없었다.
 그때 나는 이렇게 생각하며 나를 정당화했다.
 '출판계에 인맥이 있으면 얼마나 좋을까? 나보다 못한 사람도 책을 내는데.'

 하지만 그 생각이 틀렸다는 것을 인정하는 데는 오랜 시간이 걸리지 않았다. 50개가 넘는 출판사에서 거부당한 원고를 70퍼센트 이상 수정해서 규모가 좀 큰 10개 출판사에 보냈는데, 10개 출판사의 담당자가 모두 내게 연락해 "당장 계약하고 책을 내고 싶다"고 한 것이다. 그 후 꾸준히 책을 내어 34권을 낸 작가가 되었고, 이제 많은 출판사의 편집자들과 알고 지낸다. 내가 34권의 책을 내며 깨달은 건, '편집자들과 깊은 친분을 유지해도, 그들이 아무도 거들떠보지 않는 원고를 책으로 만들어 주지는 않는다'는 사실이다.

 어떤 일을 하든 인맥은 그렇게 중요한 역할을 하지 않는다.
 50번 이상 퇴짜를 맞던 시절, 내겐 그렇게도 어렵던 출간을 주변의 지인들이 쉽게 할 수 있었던 건, 그들에게 인맥이 있었기 때문이 아니라 단지 그들이 나보다 글을 잘 썼기 때문이다.

남을 속이는 것보다 위험한 일은 나를 속이는 것이다. "인맥이 없거나 환경이 안 좋아서 내가 정한 목표를 이루지 못했다."라고 말하는 건, 결국 나를 속이는 것이다.

미켈란젤로는 천장화 〈천지 창조〉를 그릴 때, 무려 4년 동안이나 사람의 출입까지 통제하고 성당에 틀어박혀 그림에만 매달렸다. 그만큼 전력을 다해 그림을 그렸다. 하루는 고개를 뒤로 젖힌 채 불편한 자세로 천장의 한쪽 구석에서 그림을 그리고 있었는데, 그런 그를 보고 한 친구가 물었다.

"잘 보이지도 않는 구석에 뭘 그렇게 정성을 들이는 거야? 네가 완벽하게 그렸는지 아닌지 누가 알기나 하겠어? 아마 관심도 없을 텐데. 힘들게 왜 그래, 그냥 대충 그려."

그러자 미켈란젤로가 이렇게 응수했다.
"바로 내가 알지."

미켈란젤로는 세상을 속이는 것보다 자신을 속이는 게 더 위험하다는 사실을 알고 있었다. 그래서 그는 '평론가보다 나 자신의 인정을 받는 게 우선'이라는 마음으로 그림을 그렸다. 결국 그 마음이 그를 만든 것이다.

물론 사람을 소중하게 생각해야 하고, 인맥도 중요하다. 하지만 그것을 자신을 속이기 위한 방법으로 사용해선 안 된다. 언제나 나 자신에게 당당하라. 나를 믿는 그 마음이 최고의 인맥이다.

내가 이 세상을 사는 이유

2008년부터 의욕적으로 쓰기 시작한 원고가 하나 있습니다. 《삼성의 임원은 어떻게 일하는가》, 《사색이 자본이다》에 이어 사색 시리즈의 네 번째 책이 될 원고입니다.

저는 34권을 낸 작가지만, 다시 하라면 지금보다 더 열심히 할 수 없을 만큼 최고의 노력을 쏟아부었습니다.

지금 8년이 걸린 그 원고를 탈고하고 있습니다. 무려 원고지 4900매에 육박하는 원고를 2000매 이하로 압축해서 견고하게 하는 작업입니다.

간단히 말해 책에 심장을 이식하는 과정입니다. 지난 8년 동안 더 좋은 원고를 보여 주기 위해 간절한 마음으로 분투한 제 뜨거운 심장을 책에 담는 과정입니다.

지인이 묻더군요.
"원고지 4900매면 책을 다섯 권 이상 낼 수 있는 분량인데, 이번 책이 그 정도 팔릴 수 있겠어?"

저는 이렇게 말했습니다.

"이번 원고는 판매를 생각하며 시작한 게 아니라 사랑을 남기기 위해 시작했습니다. 제 안에 사랑이 없었다면 이미 예전에 멈췄을 겁니다."

누군가 "너는 왜 사니?"라고 묻는다면 저는 자신 있게 말할 수 있습니다.

"사랑을 배우고, 사랑을 남기기 위해 살고 있습니다."

본격적으로 글을 쓰기 시작한 지 이제 20년이 되어 갑니다. 그런데 저는 지난 20년 동안 글쓰기 기술을 배운 적이 없습니다.

그래요, 사랑입니다.

저는 사랑을 배웠고, 지금도 배우고 있습니다. 독자를 사랑하는 마음을 배우기 위해 지난 20년 동안 같은 길을 멈추지 않고 걸었습니다. 물론 힘들어 쓰러질 때도 있었지만, 사랑하기 때문에 웃으며 일어날 수 있었습니다.

때론 그런 제 모습이 바보 같았지만 저는 후회하지 않습니다. 손님을 사랑하지 않는 셰프가 만든 음식의 맛을 기대할 수 없듯, 독자를 사랑하지 않는 작가의 글은 그저 문장의 나열일 뿐이니까요.

"사랑이 없는 글은
독자를 움직일 힘이 없으니까요."

그래서 저는 어떤 상황에서도, 심지어 잠꼬대를 할 때도 제가 글을 쓰는 사람이라는 사실을 잊지 않으려고 노력합니다. 제가 평소에 말하는 문장이 결국 제가 책에 쓰는 문장이 되기 때문입니다.

사실……
요즘 탈고하며 눈물을 자주 흘리고 있습니다.
많이 사랑한 만큼
많이 아파했기 때문이겠죠.
머리가 아니라 사랑으로 쓴 글이기 때문이겠죠.

사랑이 다시 나를 아프게 할지라도,
오늘도 나는 그대를 뜨겁게 사랑합니다.
오직 사랑만이 세상을 아름답게 하니까요.
"사랑합니다."

**세상에서 가장
따뜻한 위로**

무슨 날만 되면 검색어 순위에 오르는 말이 있다.

'인사말'

추석에는 '추석 인사말', 설날에는 '설날 인사말' 등 누군가에게 감사의 인사를 전할 때가 되면 꼭 인사말이 검색어 순위에 오른다. 물론 그만큼 정성을 담고 예절에 맞게 보내고 싶은 마음을 모르는 건 아니다. 하지만 아무리 많은 시간을 검색해도 전하고 싶은 마음은 발견할 수 없다.

자주 독자의 고민을 듣고 상담을 하는데 요즘에는 정말 많은 독자가 사는 게 힘들다는 이야기를 한다. 그때마다 내가 자주 해 주는 말이 있다.
"나는 당신을 응원합니다."

많은 사람이 "힘내세요."라는 말을 흔히 쓴다. 그런데 나는 "힘내세요."라는 말을 들으면 맥이 탁 풀린다고 할까, 오히려 힘이 빠진다. 하지만 "응원합니다."라는 말을 들으면 나도 모르게 없던 힘도 생긴다. 그래서 나도 힘든 사람을 만날 때마다 "저는 당신의 꿈을 응원합니다."라고 말한다.

힘을 내라는 말은 차갑다. 죽을힘을 다해 트랙을 달리는 경주마에게 '인생은 원래 힘든 거야!'라는 메시지를 담아 툭 던지는 말처럼 느껴진다. 하지만 응원한다는 말은 따뜻하다. 내가 어떤 곤경에 빠져도 죽는 날까지 나와 함께하겠다는 말처럼 느껴지기 때문이다. '응원합니다!'라는 말에서는 따뜻한 손의 온기가 느껴진다.

아무리 많이 검색해도 특별한 인사말을 찾을 수 없는 이유는 간단하다. 특별한 인사말은 특별한 마음이 결정하기 때문이다. 내 마음과 사랑을 담으면 아주 평범한 말도 상대방의 가슴을 울린다.
지금 주변에 고통 받고 아파하는 사람이 있다면 마음을 담아 따뜻한 위로를 전해 주길.
"나는 당신의 꿈과 삶을 응원합니다."

그리고 지금까지 가장 아파하고 고생한 나 자신에게도 말해 줘라.
"나는 나를 응원합니다."

| 나오며 |

세상에서 가장 만나기 힘든 사람

주변을 보면 분명 하나를 가지고 있는데 마치 열을 가진 것처럼 말하고, 그걸 의심하는 상대에게 거짓을 증명하려고 아까운 시간을 쓰는 사람이 있다. 또한 별 상관도 없는 사람을 헐뜯고, 여기저기 끼어들어서 비판이 아닌 비난을 일삼는 사람도 있다.

나는 그런 사람을 볼 때마다 부럽다거나 안타깝다는 생각 대신, '정말 내게 주어진 시간을 아껴 써야겠다.'라는 생각에 정신이 번쩍 든다.

우리는 매일 세상과 싸우며 어떻게든 남을 이기려고 노력한다. 하지만 모든 시간이 끝난 후 남는 건 한마디다.

"세상에는 이겼지만 정작 내게는 졌구나."

세상에서 가장 만나기 힘든 사람이 누군지 아는가?

멋진 연예인도, 연봉을 1000억 받는 운동선수도 아닌 바로 나 자신이다. 나는 나를 만나기 위해 세상에 태어났다. 그런데 사람들은 세상에 정신이 팔려 정작 중요한 나 자신을 한 번도 만나지 못한 채 삶을 마감하기도 한다.

지금도 삶은 흘러가고 있다. 얼마 전까지만 해도 문상을 가면 나와 거의 인연이 없는 형식적인 곳이 대부분이었는데, 세월이 흐를수록 나와 인연이 깊은 사람의 문상을 가는 빈도가 높아진다.
그럴 때마다 나는 느낀다.
'이렇게 시간을 쓰다가는 나중에 정말 후회하겠구나. 내가 문상의 주인공이 되기 전에 조금이라도 더 오래 내 삶의 주인공으로 살아 봐야겠다.'
이렇게 생각하면 나를 미워하는 사람에게 신경 쓰는 시간도, 내가 이룬 것을 누군가에게 자랑하는 시간도 아깝다는 생각이 든다.

대통령을 만난 시간도
세계적인 스타를 만난 시간도
삶의 마지막 날이 오면 모두 지워지고

오직 단 하나,
나와 만난 시간만이 남는다.

세상의 굴레에서 벗어나
홀로 걷고 사색하며
나를 만나는 시간을 자주 가져 보라.
내가 내게 주는 황홀한 기쁨을 만끽하라.

내 삶을 밝힐 빛을 원하는가?
아무리 세상과 경쟁자를 이겨도
우리는 거기서 빛을 발견할 수 없다.
내일 빛나는 사람은 오늘 자신과 만난 사람뿐이니까.

생각 공부의 힘

초판 1쇄 발행 2016년 3월 20일
2쇄 발행 2016년 4월 25일

지은이 김종원
펴낸이 오정환
편 집 박민정
제 작 유수경
표지·본문디자인 신중호

펴낸곳 황금지식 출판사
출판등록 2014년 11월 13일 제 2015-000049호
주소 서울시 마포구 월드컵북로 4길 77, 3층 (동교동, ANT빌딩)
문의 전화 070-7558-1267 팩스 031-571-1267
전자우편 gold_wisdom1@naver.com
블로그 blog.naver.com/gold_wisdom1

ISBN 979-11-954596-6-7(03320)

- 책값은 뒤표지에 있습니다.
- 잘못된 책은 바꿔 드립니다.
- 이 책 내용의 전부 또는 일부를 재사용하려면 반드시 저작권자와 황금지식 출판사 양측의 동의를 받아야 합니다.
- 황금지식 출판사는 임프린트 도서출판 오감과 같은 회사입니다.
- 책으로 펴내고 싶은 아이디어나 원고를 메일(gold_wisdom1@naver.com)로 보내주세요. 황금지식 출판사는 여러분의 귀중한 경험과 지식을 기다리고 있습니다.

이 도서의 국립중앙도서관 출판예정도서목록(CIP)은 서지정보유통지원시스템 홈페이지 (http://seoji.nl.go.kr)와 국가자료공동목록시스템(http://www.nl.go.kr/kolisnet)에서 이용하실 수 있습니다.(CIP제어번호: CIP2016006543)